Unkraut hat die lästige Angewohnheit,
das zarte Pflänzchen der Freiheit zu überwuchern.
So ist es doch unsere höchste Pflicht,
der Saat des Bösen entgegenzutreten.
Denn rechte Ideologien keimen immer dort,
wo wir sie mit Ignoranz gießen.

Bibliografische Information der Deutschen Nationalbibliothek:
Die Deutsche Nationalbibliothek verzeichnet diese Publikation in der
Deutschen Nationalbibliografie; detaillierte bibliografische Daten sind im
Internet über dnb.dnb.de abrufbar.

© 2022 Marno Howald

Herstellung und Verlag: BoD – Books on Demand, Norderstedt

Bildmaterial: Steffen Gust; Oona Thim

ISBN: 9783755797173

Vorwort

Ich bin, seitdem ich denken kann, dem Dichten, wohl sehr zugetan ...

2014 wagte ich zum ersten Mal den Schritt vors Publikum und überzeugte in einer kleinen Kneipe, im Herzen Bremerhavens, die dort anwesenden Gäste davon mir zuzuhören.
Die Reaktion, auf die von mir vorgetragenen Lieder, fiel zu meiner Überraschung derart schmeichelhaft aus, dass sich eine schöne Idee in meinem Kopf festsetzte und bis heute dort verweilt. Denn aus einem kleinen Auftritt, der als Feldversuch gedacht war, erwuchs der nicht mehr zu stillende Wunsch nach mehr.
In diesem Buch habe ich eine kleine Auswahl meiner Liedtexte und Gedichte zusammengestellt. Vom ersten Album „Ganz ohne Kritik", dem zwei Jahre später erschienenen Album „Gegen den Wind", bis hin zu Stücken, die nur auf Konzerten zu hören sind. Texte, die ich mit meinen musikalischen Mitstreitern, oder auch allein, auf schon so vielen wundervollen Bühnen präsentieren durfte und hoffentlich noch präsentieren darf. Es sind aber auch viele Lieder dabei, deren Zukunft noch ungewiss und Verborgen liegt. Mir ist es ein tiefes Bedürfnis, mich nicht auf einem festen Programm auszuruhen. Vielmehr habe ich in der Vergangenheit alles daran gesetzt, frei im Schaffen zu sein und setze alles daran es auch zu bleiben.
Warum? Nun ja, es gibt viele Menschen die mir immer wieder sagen, ich müsse unbedingt über einen gewissen Wiedererkennungswert verfügen und damit mögen sie in vielen Punkten Recht haben. Ich höre aber, was die Gestaltung des Bühnenprogramms angeht, sehr ungern nicht auf meinen Bauch. Natürlich liegt er nicht immer richtig, aber meistens tut er es doch. Ich denke, als Liedermacher und Dichter, ist es von existentieller Bedeutung sich seinen Gefühlen hinzugeben und

ihnen zu vertrauen. Sind es doch grade jene Gefühle, die etwas Künstlerisches hervorbringen, warum also sollte ich sie ignorieren? Ich liebe, was ich mache. Es ist so unglaublich befreiend, leidenschaftlich zu sein. Und sind wir mal ehrlich, das ist ein wunderbarer Wiedererkennungswert. Ich wollte immer gern Liedermacher werden, doch habe ich dieses Ziel nie ernsthaft genug verfolgt. Also ist es wahrscheinlich einer Verkettung von unglücklichen, wie auch glücklichen Ereignissen zu verdanken, dass ich es letztendlich doch wurde. Denn ich befand mich vor vielen Jahren an einem Punkt, an dem sich jeder Mensch irgendwann befindet. Die alles entscheidende Frage: „Was mache ich aus mir?" Ich selbst war in meiner Jugend auf so manchem Irrweg unterwegs. So fand ich viele Jahre meine Zugehörigkeit in der Skinhead-Szene Berlins und es hat sehr lange gedauert, aufzuwachen und zu erkennen, welchen gefährlichen und über alle Maße dummen Weg ich beschritt und festzustellen, welch falschen Idealen ich folgte. Doch passiert ist es. Ich, wie sagt man so schön, bekam die Kurve!

Aber noch leben zu viele Frauen und Männer in diesem Land, die in ihrer Ideologie der nationalsozialistischen Vergangenheit in nichts nachstehen. Menschenverachtende Parolen und antisemitisches Gedankengut, hier wird alles bedient. Manche tun es offen, andere beschränken sich, es ist traurig, es so schreiben zu müssen, zumindest auf die Zeit in ihren vier Wänden. Es wird geleugnet, beschimpft und gehetzt, was das Zeug hält und so wird in der Anonymität, sozialer Medien, der vermeintlich ruhige Mitmensch zum Inbegriff des Bösen. Ich habe immer gedacht, dieses Land hat etwas Wichtiges verstanden, etwas gelernt und den Willen es besser zu machen. Doch mehr und mehr dieser Menschen, kriechen aus ihren Löchern und scheinen sich in einer, nicht versiegen wollenden Flut, über uns zu ergießen. Nie in meinem Leben bin ich auf solche neuerlich entfachten faschistoiden Strukturen getroffen, wie es in den letzten Jahren der Fall war und noch immer ist.

Natürlich waren die nie weg, jedoch haben sie sich nicht in dem Maße in die Öffentlichkeit getraut, wie sie es jetzt tun. Gewiss, es gibt wahnsinnig viele Menschen die ihr Herz am richtigen Fleck tragen. Die für Werte einstehen, wie Menschlichkeit und Respekt vor dem Leben. Die ihr ganzes Handeln dem Erhalt dieser Werte widmen. Doch leider ringen sie einen mühsamen Kampf gegen Sturheit und Arroganz. Zu viele Menschen bemühen sich, einen Schein zu wahren und nach außen zu tragen, der zeigen soll, dass doch alles gar nicht so schlimm wäre. Man hätte es im Griff. Nichts hat man im Griff! Rein gar nichts!

Aber ich will nicht mitmachen, ich kann nicht mitmachen! Also schreibe ich. Spiele und singe meine Lieder. Ich werde auch nicht aufhören und einknicken. Ich lege meine ganze Kraft in meine Texte und singe, so laut ich kann. Mit nunmehr, weit über 80 Liedern, rund um die Themen Leben, Liebe und Politik, ziehe ich seither von einer Bühne zur nächsten und ich hoffe, das noch sehr lang. Auch wenn es wahrlich schwer geworden ist, mit dieser Art der Musik eine breite Masse zu erreichen. Es scheint gerade so, als hätte sich in den letzten 20 Jahren eine regelrechte Schockstarre in der Musikwelt verbreitet. So viele Künstler, die natürlich sagen, nein das geht so nicht, wir müssen etwas tun. Doch letzten Endes bleiben deren schwammige Worte, eben genau das, schwammige Worte. Es wird nicht über die wichtigen Themen der Welt musiziert und gesungen. Klar, ich singe auch von der Liebe, lustigen Alltagsdingen und der Schönheit von Orten und Momenten, allerdings auch von den Dingen, die wehtun. Es ist so wichtig, den Finger in die Wunde zu legen und den Spiegel vorzuhalten. Nicht nur meinem Publikum, auch mir selbst. Es ist doch eine Verpflichtung, zumindest empfinde ich es als solche. Ich bin auch nicht allein damit. Es gibt andere, die dieser Verpflichtung nachgehen. Die auf den kleinen und größeren Bühnen spielen und mit ihrer Stimme gegen das Unrecht ansingen. Musiker, die sich trauen, zu sagen, was nicht stimmt. Und wen könnte ich, neben den mir so liebgewordenen Künstlerfreunden erwähnen, wenn nicht Konstantin Wecker. Ein Liedermacher, der noch immer auf der Bühne und abseits davon, Heute wie auch früher, keine Scheu zeigt, der Schurkerei entgegenzutreten.

Ach Konstantin, mein lieber Konstantin, in deiner Anwesenheit habe ich mehr gelernt, als ich mir je erhoffen konnte. Deine Ratschläge sind mir bis heute wichtige Begleiter, in meinem Schaffen. Deine Unterstützung neben und auf der Bühne, deine Ehrlichkeit, wenn man sich verzettelt, und dein stets offenes Ohr sind Balsam für die Seele. Vielen Dank dafür.

Was aber, wäre ich ohne Dich, lieber Leser dieses Buches? Zuhörer meiner Musik und Lauscher meiner Texte? Wohl nichts, denn du bist das Fundament meiner Kunst. Wie sehr ich mich auch bemühe, ohne euch wunderbare Menschen im Publikum, wäre es nicht das, was es ist.

So und nun genug geschwafelt, ich wünsche euch viel spaß beim Lesen der Liedtexte und Gedichte. Und solltet ihr bereits ein Album oder auch beide haben, dann viel Spaß beim Mitsingen. Solltet ihr keins haben, dann aber hurtig jetzt ;)

Euer Marno Howald

Inhalt

Liedtexte

Gedichte (Wild durcheinander, der Abwechslung wegen)

Ganz ohne Kritik

Der Deutsche trägt die Fahne hoch,
Europa tut´s ihm gleich.
Mutti hockt im Kanzleramt,
und betrachtet dort ihr Reich.
Nimmt Deutschlands Millionäre,
lieb guckend an die Hand,
die Armen ignoriert sie,
und stellt sie an den Rand.
Ja, die einen suchen Lifestyle,
die anderen Suchen Pfand.
Die einen suchen Hoffnung,
die anderen den perfekten Strand.

Armut und Verzweiflung,
man müsse ja verstehen,
dass sich die Uhren dieser Staatskunst,
ein wenig anders drehen.
Wachstum schadet niemandem,
besonders nicht den Reichen,
vielleicht gibt´s Opfer hier und da,
Bedürftige und dergleichen.
Denn Schwund ist bekanntlich überall,
doch Fassaden kann man streichen.
Und die einen fahren ins Paradies,
die anderen müssen weichen.

Man setzt sich lächelnd vor die Presse,
und säuselt was von Stärke.
Plant verwirrt die Einigkeit,
doch macht sich nicht, ans Werke.
Da sitzen sie die Obrigkeiten,
die unsere Zukunft stricken,

Hampelmänner der Konzerne,
die uns in Kriege schicken.
Denn profitabler ist es wohl,
nur hier und da zu flicken!
Und sie finden immer neue Wege,
uns wieder mal zu ficken.

Die Waffenlobby gibt sich einig,
nach Höherem zu streben.
Sei´s die Rüstungspolitik,
dem Handel mit dem Leben.
Der deutsche Leopard
kämpft tapfer auf der ganzen Welt.
Wen er tötet, wer ihn lenkt,
bestimmt wer ihn bestellt.
Und die Moral wird dann ersetzt,
durch das gute alte Geld.
Denn was juckt sie ihr Geschwätz von eben,
und wer durch ihre Waffen fällt.

Die Wirtschaft zieht die Zügel straffer,
lächelt freundlich drein.
Erklärt den Ahnungslosen,
das müsse jetzt so sein.
Den Aufbegehrenden deutet sie,
man wäre ja im Recht,
denn ohne diese Strategie,
ginge es uns schlecht.
Wer bin ich also hier zu singen,
gegen diese Politik.
Und so ist dies Lied hier zweifelsohne,
ganz ohne Kritik.

Wader, Wecker, Mey und Co

Noch lange stehen im Regal bei mir,
die alten schönen Platten.
Von Wader, Wecker, Mey und Co,
die noch was zu sagen hatten.
Die sangen, spielten und sich mühten,
zum Wohl der Republik.
Die kämpften mit dem Wort als Waffe,
mit Nachdruck und Geschick.

Doch langsam wird es ruhig um sie,
die Zeit nimmt sie mit fort.
Nur ab und an ein Lebenszeichen,
hier und da ein Wort.
Schmerzlich der Gedanke,
dass vielleicht schon in ein paar Jahren,
Wader, Wecker, Mey und Co,
die letzten Liedermacher waren.

**Dieses Land braucht wieder Träumer,
und Rebellen sowieso.
Solche vom selben Schlag,
wie Wader, Wecker, Mey und Co.**

Sei es „Heute hier, morgen dort",
oder grad „Trotz alledem".
Herr Wader sprach gern geradeaus,
war es noch so unbequem.
Herr Wecker hat schon früh bemerkt,
„Genug ist nicht Genug".
„Was keiner wagt", das wagte er,
schoss man ihm, auch vor den Bug.

Denn Wader, Wecker, Mey und Co,
wie soll's auch anders sein.
Sie alle einte ein Gedanke!
Sie alle sagten, „NEIN!"
So sah Herr Mey, „Das Narrenschiff",
im Sturme untergehen.
Aber hoch, „Über den Wolken",
war's ja auch recht früh zu sehen.

Dieses Land braucht wieder Träumer,
und Rebellen sowieso.
Solche vom selben Schlag,
wie Wader, Wecker, Mey und Co.

Es wäre wohl, vermessen zu sagen,
hier ich könnt' es sein.
Das viele mir, da bin ich sicher,
nicht im Traume ein.
Denn dieses zu beurteilen,
liegt nicht in meiner Hand.
Doch singe ich, so laut ich kann,
gegen die Ungerechtigkeiten hier im Land.

Dieses Land braucht wieder Träumer,
und Rebellen sowieso.
Solche vom selben Schlag,
wie Wader, Wecker, Mey und Co.

Meine Brüder, meine Schwestern

Meine Brüder, meine Schwestern,
sind wir denn immer noch von gestern?
Haben wir nicht irgendwann,
aus der Vergangenheit gelernt?
Haben wir nicht allzu oft,
auf eine schöne Welt gehofft?
Uns zurückgelehnt und, für wahr,
von einer besseren Zeit geschwärmt?
Die endlich vor uns liegt,
in der man Unvernunft besiegt.
Eine Zukunft ohne Kriege,
mit Vertrauen und noch viel mehr.
Doch, sehe ich heut´ nach vorn,
ist im Aug' mir so manch Dorn,
denn, dass was war, kommt schneller,
als man denkt hinter uns her.

Wenn rote Knöpfe wieder leuchten,
die sie nur zu drücken bräuchten.
Und die Welt wie wir sie kennen,
plötzlich Staub und Asche wär.
Wo die falschen Männer lenken,
die an Torheit sich nichts schenken,
droht das Ende durch Raketen,
und wir wären nimmermehr.
Und sie zanken wie zwei Gören,
wem mag die Schippe wohl gehören,
dies gebaren, dieses drohen,
dieses kindische Gebrüll.
Wie die Ziegen auf der Brücke.
Reißen alles sie in Stücke.
Kein: Es reicht! Kommt aus der Masse,
alles hält die Füße still.

Und wenn wir nun, ganz im Vertrauen,
wieder Atomschutzbunker bauen.
Wenn Sirenen uns erschrecken,
und der Kindergarten übt.
Wenn wir nun, statt abzurüsten,
uns mit neuen Bomben brüsten,
weil der neue kalte Winter,
unser aller Zukunft trübt.
Dann wird mir Angst und Bang im Herzen,
meine Brust durchziehen Schmerzen.
Doch mein Widerstand wird keimen,
wächst in mir zu neuer Kraft.
Schafft, dass ich mich neu erzürne,
ich erwache, tobe Stürme.
Werde niemals akzeptieren,
dass der Mensch sich selbst abschafft.

Hübsch, aber doof

Sie sitzt an der Bar, dann sieht sie ihn.
Sieht ihn gegenüber, am Tresen stehen.
Sie zeigt ihm ihr Interesse, an seiner Person.
Ihr Herz schlägt wie wild, was macht das schon.
Heut´ wird nicht gekniffen, heut´ sie spricht ihn an.
Vielleicht ist er der eine, dieser eine Mann.
Sie macht ihm nach allen Regeln, der Kunst, den Hof,
doch merkt sie leider schnell, er ist zwar hübsch, aber doof.

Er ist hübsch, aber doof. Hübsch, aber doof ...

Er kann es nicht mehr hören, dieses bla bla bla.
Ist hinter dieser Stirn, denn wirklich niemand da?
Er will doch nur ne Frau, mit Intellekt,
die auch mal ihre Nase, in Bücher steckt.
Die in neun von zehn Fällen, erst denkt und dann spricht.
Doch die Frauen, die er trifft, die denken leider nicht.
Die stehen stundenlang vorm Spiegel, putzen sich raus,
sind danach zwar hübsch anzusehen,
aber die Lampe, die bleibt aus.

Sie ist hübsch, aber doof. Hübsch, aber doof ...

Traurige Ballade

Wer es lebend nach Europa schafft,
den hat das Meer nicht hingerafft,
der hatte endlich einmal Glück.
Doch das Empfangskomitee,
wirft sie wieder in die See,
schickt sie postwendend zurück.
Europa hats nicht so mit Gästen,
willkommen sind hier nur die Besten,
wer schon was hat, der hats auch gut.
Doch die, die hoffen und auch träumen,
von einem Leben ohne Leiden,
bezahlen teuer ihren Tod.

Und obgleich die Menschenrechte Chinas,
oder die Freiheit Palästinas,
ihr macht einfach, was ihr wollt.
Und sei´s der IS oder Al Qaida,
die morden immer fleißig weiter,
da für euch der Rubel rollt.
Und es grinst der Mann im Zwiebelturm,
durch Europa fegt ein Sturm,
muss nur beharrlich Gründe suchen.
Und alle schreien, sie wären dagegen,
und ich denke mir, von wegen,
die wollen auch ein Stück vom Kuchen.

Die unterschätzen selbst PEGIDA,
auch AFD, das war noch nie da,
ich muss doch bitten und mal was fragen.
Standen uns nicht schon vor Jahren,
gegenüber, diese braunen Scharen?
Und uns die Scheiße bis zum Kragen?

Selbst unsere Bäume werden knapp,
doch ihr holzt emsig weiter ab,
aus grünen Wäldern wird Asphalt.
Und fängt Ahab seinen Wal,
warum auch nicht, ist doch egal,
wer braucht schon Tiere oder Wald.
Lasst ruhig die Köpfe im Sande stecken,
lasst den Planeten ruhig verrecken,
hat doch alles keinen Sinn.
Wie soll man auch, neue Hoffnung schöpfen,
mit diesen Mauern in den Köpfen,
kommt, wir schmeißen einfach alles hin.

Doch einerlei ist mir das nicht,
das stünde mir nicht zu Gesicht,
da bleib ich lieber außen vor.
So sitze ich hier, spiel vor mich hin,
teile was tief in mir drin,
sing meine Lieder euch ins Ohr.

Ach wie gut, dass niemand weiß

Es pustet sanft der schwarze Schlot,
den Wolken einen leisen tot.
Den Vögeln, Blumen, uns mitunter,
dreht er beharrlich Zeit herunter.
Und streichelt uns ganz leicht durchs Haar,
nicht zu sehen, doch immer da.
Begleitet alles, bleibt verborgen,
nützt uns heut und tötet morgen.
Bringt dem Leben warmes Licht,
nur leider die Erlösung nicht.
Schert sich nicht um jenen Preis, den man zahlt,
und es doch besser weiß.

Ja, die Luft wird immer knapper,
der Himmel zieht sich zu.
Und alles sieht sich fragend an, besonders ich und du.
Ich kann schon nicht mehr atmen,
die Luft wird langsam dünn.
Ach wie gut, dass niemand weiß,
dass ich wohl auch nicht besser bin.

Mitunter wirkt auch Polymer,
auf unsere Körper folgenschwer.
Kein Stoff, aus dem die Künste wären,
schafft Plastiken den Gott zu ehren.
Den man als Götzen auserkor,
und unbedacht die Treue schwor.
In den man packt und präsentiert,
es trägt, draus trinkt und konserviert.
Mit spielt, drin läuft oder sogar,
sich spart so manchen Wonderbra.
Dieses Zeug aus reinem schwarzen Gold,
das die Erde überrollt.

Ja, die Luft wird immer knapper,
der Himmel zieht sich zu.
Und alles sieht sich fragend an, besonders ich und du.
Ich kann schon nicht mehr atmen,
die Luft wird langsam dünn.
Ach wie gut, dass niemand weiß,
dass ich wohl auch nicht besser bin.

Konzerne wie BP und Bayer,
diese gewissenlosen Ungeheuer.
Oder Nestlé, die sich nicht genieren,
Wasser zu privatisieren.
Haben reichlich schnell kapiert,
wer schummelt, wird subventioniert.
Du musst nur richtig scheiße sein,
dann kommt der Rest von ganz allein.
Dann kannst du auf die Umwelt pfeifen,
und alle springen durch den Reifen.
Leben brav als Herdentier, jeder tut´s,
selbst wir alle hier.

Ja, die Luft wird immer knapper,
der Himmel zieht sich zu.
Und alles sieht sich fragend an, besonders ich und du.
Ich kann schon nicht mehr atmen,
die Luft wird langsam dünn.
Ach wie gut, dass niemand weiß,
dass ich wohl auch nicht besser bin.

Komm, wir lachen einfach weiter

Ach Mensch, erinnerst du dich noch,
an all die schönen Zeiten?
War´s nicht schön, ganz ohne Sorgen,
die Arme auszubreiten.
Frei schlug unser Kinderherz,
unschuldig und jung.
Die Phantasie in unserem Geist,
ist sie nur Erinnerung?

**Komm, wir lachen einfach weiter,
bleiben noch ein bisschen klein.
Erwachsen werden, das kann jeder,
die Kunst dabei ist Kind zu sein.**

Wir hetzen jeden Tag zur Arbeit,
wollen stets die Besten sein.
Graben anderen eine Grube,
und fallen doch nur selbst hinein.
Wir suchen immer nur ein Vorbild,
das uns zeigt den rechten Pfad.
Wir sollten hören auf die Kleinen,
sie haben stets den besten Rat.

**Komm, wir lachen einfach weiter,
bleiben noch ein bisschen klein.
Erwachsen werden, das kann jeder,
die Kunst dabei ist Kind zu sein.**

Doch Kind zu sein ist ganz schön schwer,
gerade hier in dieser Welt.
Denn ehrlich sein und zu sich stehen,
auch wenn es anderen nicht gefällt.
Ist offensichtlich, hier und jetzt,
ein lästiges Geschick.
Bricht uns doch grad die Heuchelei,
oftmals das Genick.

Komm, wir lachen einfach weiter,
bleiben noch ein bisschen klein.
Erwachsen werden, das kann jeder,
die Kunst dabei ist Kind zu sein.

Also Mensch, erinnere dich,
an all die schönen Zeiten.
Wie es war, ganz ohne Sorgen,
die Arme auszubreiten.
Steh zu allem, was du tust,
mach es ehrlich und beherzt.
Und lach, als gäbe es kein Morgen mehr,
lach bis der Bauch dir schmerzt.

Komm, wir lachen einfach weiter,
bleiben noch ein bisschen klein.
Erwachsen werden, das kann jeder,
die Kunst dabei ist Kind zu sein.

Der Stammtisch

Der Himmel ist klar, die Nacht geht langsam vorbei.
Wir sitzen schon seit Stunden,
die Gemütlichkeit hält uns warm.
Es begann wie immer, ein schnelles Bier, höchstens zwei.
Wieder eine Nacht, in der eins zum anderen kam.

Und der Mann an der Bar reibt sich müde die Augen.
Blickt zur Uhr an der Wand, dann sieht er uns an.
Sieht ein, dass wir noch für ein letztes Glas taugen,
und kündigt tapfer die letzte Runde an.

**Die Gläser hoch, ich trink auf uns meine Lieben,
auf unser Wohl.
Ich wäre gern, noch länger hiergeblieben,
auf unser Wohl.**

Auf dem Tisch sieht man die Kratzer so vieler Stunden.
Selbst der Fußboden wirkt an mancher Stelle zerstört.
Die verblassten Flecken unzähliger Runden.
Jeder Stuhl kennt seinen Gast, der zu ihm gehört.

Auch wenn die Köpfe mal, zwischen den Schultern versanken.
Trauern wir nicht über so manch graues Haar.
An diesem Tisch riecht es nach tausenden von Gedanken.
Und dem wohligen Duft der alten Bar.

**Die Gläser hoch, ich trink auf uns meine Lieben,
auf unser Wohl.
Ich wäre gern, noch länger hiergeblieben,
auf unser Wohl.**

Wir kennen uns seit Jahren, verstehen uns blind.
Und es war dieser Tisch, an dem alles begann.
Es war nie von Belang, wer oder was wir sind.
Und was einer vielleicht besser, als der andere kann.

Hier bespricht man die Sorgen des Alltags genau.
Über alles, was war und was vielleicht noch passiert.
Was Schwarz, Weiß oder doch vielleicht Grau.
Selbst das neuste Gewäsch wird hier wild diskutiert.

Und der Mann an der Bar, reibt sich müde die Augen.
Blickt zur Uhr an der Wand, dann sieht er uns an.
Sieht ein, dass wir noch für ein letztes Glas taugen.
Und kündigt tapfer die letzte Runde an.

**Die Gläser hoch, ich trink auf uns meine Lieben,
auf unser Wohl.
Ich wäre gern, noch länger hiergeblieben,
auf unser Wohl.**

Im Studio. Erstes Album „Ganz ohne Kritik"

27

Lebenszeit

Sie folgt allein der Arithmetik,
dividiert erpicht und stetig,
des jungen Herzens Kontraktion,
vom Ersten hin zum letzten Ton.
Der dann, schlussendlich als Quotient,
zu dem führt, was man Sterben nennt.

Marno Howald und Regina Mudrich, während der Aufnahmetage im Hörwerk Tonstudio.
Zweites Album „Gegen den Wind"

Zweisamkeit

Ich setz Teewasser auf, ist kalt heut.
Hab schon den ganzen Tag gefroren.
Zieh dicke Socken an, meine Lieblingspullover.
Und ich setz Kopfhörer, auf meine Ohren.

So furchtbar viele Stunden
hab ich mit dir verpasst.
All die fehlenden Gespräche,
obwohl du neben mir gesessen hast.

**Man nimmt sich viel zu selten,
einfach Mal die Zeit.
Für ein kleines bisschen,
Zweisamkeit.**

Ich sagte, komm mit mir aufs Sofa.
Komm, wir machens uns bequem.
Wir sollten mal wieder reden,
statt nur Fern zu sehen.

Denn es wird mich interessieren,
was du den ganzen Tag gemacht.
Was hast du erlebt?
Hast du geweint, oder gelacht?

**Man nimmt sich viel zu selten,
einfach Mal die Zeit.
Für ein kleines bisschen,
Zweisamkeit.**

Man gibt sich viel zu oft,
in Kleinigkeiten auf.
Lebt nebenher und kommt nicht mal drauf.
Das man sich in jedem Augenblick verliert,
längst das Ende akzeptiert.

**Man nimmt sich viel zu selten,
einfach Mal die Zeit.**

Es glaubt der Mensch

Es glaubt der Mensch in seinem Wahn,
dass er die Welt erklären kann.
Er hat geforscht und spioniert,
und wüsste nun, wie´s funktioniert.

Kennt alles, was auf Erden kriecht,
weiß, wie jede Blume riecht.
Auch alles, was am Himmel fliegt,
oder im Meer verborgen liegt.

Der Mensch scheint daher ganz schön schlau,
denn auch das All kennt er genau.
Kennt Planeten, Galaxien,
und Kometen, die vorüberziehen.

Doch nur, weil der Mensch all diesen Dingen,
Namen gibt, die sinnvoll klingen.
Ist´s nicht der Weisheit letzter Schluss,
was dringend, er erkennen muss.

Denn alles das, wonach er strebt,
bedingt sich durch das wie er lebt.
Denn im Sein mit Tier und Pflanzen
ist er doch nur ein Stück des Ganzen.

Gegen den Wind

Ich stehe in den Massen,
Augen fest am Sturm,
meine Haut spürt Gegenwind.
Vieles um mich herum,
hat sich abgewandt,
und bleibt für das Drohende blind.

Da sind Marschierende,
gegen Demonstrierende,
da steht Verstand gegen Hass.
Parolen speiende,
gegen Hilfe schreiende,
Grenzenlosigkeit gegen Pass.

**Doch ich leiste Widerstand,
ich lebe diese Welt.
Ich halte weiter durch,
auch wenn man es für unmöglich hält.
Ich glaube fest daran,
auch wenn andere am Zweifeln sind.
Ich stehe unbeirrt, gegen den Wind.**

Da stehen Patriarchen,
mit der Hand im Schritt,
Herrscher ihrer Welt.
Fehlgelobte Peiniger,
sittenfremdes Pack,
das sich nimmt, was gefällt.

Da sind praktizierende,
schamlos Applaudierende,
da stehen die ohne Moral.
Gewissenhaft Betrügende,
Wahrheiten Verbiegende,
gern ungesehen, und doch real.

Doch ich leiste Widerstand,
ich lebe diese Welt.
Ich halte weiter durch,
auch wenn man es für unmöglich hält.
Ich glaube fest daran,
auch wenn andere am Zweifeln sind.
Ich stehe unbeirrt, gegen den Wind.

Die mit mir singenden,
niemals Verklingenden,
spüren auch den Gegenwind.
Und all die Gehenden,
nicht Verstehenden,
bleiben für das Drohende blind.

Doch wir leisten Widerstand,
wir leben diese Welt.
Wir halten weiter durch,
auch wenn man es für unmöglich hält.
Wir glauben fest daran,
auch wenn andere am Zweifeln sind.
Wir stehen unbeirrt, gegen den Wind.

Der Rittersmann

Es war ein Ritter, jung und stark,
der traurig auf der Wiese lag.
Ihm fehlt, die Burg und auch ein Weib,
besitzt nur, was er trägt, am Leib.
Der Ritter fing an zu verstehen,
so kann es nicht weitergehen,
also rappelt er sich auf,
und zählt Pro und Contra auf.

Das Gute an Rittern ist,
dass die Rüstungen nicht knittern.
Das Schlechte an Rittern,
ergibt sich aus Gewittern.
Zwar ist die Rüstung ganz schön schwer,
doch leider macht sie schon was her.
Nur pinkeln ist ein wahres Leiden,
vom anderen Mal ganz zu schweigen.

Doch letztlich denkt der Rittersmann,
dass man schon Ritter bleiben kann.
So fängt er an, zu überlegen,
die Defizite zu beheben.
Erst Frau dann Burg, erst Burg dann Frau,
man weiß es ja nie so genau.
Doch wenn´s die Tochter vom König sei,
dann wäre die Burg doch schon dabei.

So ritt er eilig hin zu ihr,
die fragte nur: „Was willst du hier?
Willst du mich zu deiner Braut?
Das hat sich niemand je getraut!"
Doch plötzlich sprach das Burgfräulein,
„Mein Ritter, der muss tapfer sein!
Nun gut, ich will dir was verraten
und auf deine Rückkehr warten."

„Ich steh auf richtig scharfe Sachen,
also, hol mir einen Drachen!"
Der Ritter denkt sich, „Jetzt wird´s schwer!
Wo krieg ich denn nen Drachen her?"
So zog er viele Wochen fort,
von einem zum anderen Ort.
Und denkt sich bald, „Was soll ich machen?
Ich finde keinen verfickten Drachen!"

Er ritt zurück zum Burgfräulein,
stand vor der Burg, fing an zu schreien.
„Es gibt wohl keine Drachen mehr
und meine Taschen sind jetzt leer
Ich hab nichts mehr von großem Wert,
ich hab nur noch das blanke Schwert."
Da leuchteten die Augen fein,
vom jungen frechen Burgfräulein.

„Du bist zwar kein Drachentöter,
doch bist du wohl ein Schwerenöter!
So komm denn in die Burg hinein,
du könntest mir zu Diensten sein"
Der Rittersmann verstand nicht recht,
doch erst mal drin, ist ja nicht schlecht.
Kaum war er drin, ging´s auch schon los,
sie saß sogleich auf seinem Schoß.

So ging es viel Wochen dann.
Und tapfer stand er seinen Mann.
Erst liebten sie, dann liebten sie,
dann ging er vor ihr auf die Knie.
Und sie war auch sehr angetan,
und nahm ihn zum Ehemann.
Doch er merkte irgendwann, erwähnen muss ich´s noch!
Drachen, gibt´s wohl doch!

Meine Väter

Die, die ich in meiner Kindheit,
Väter nennen durfte.
Deren Weisheiten,
mich noch bis heute prägen.
Ihr, die ihr mir sagtet,
aus dir wird nie etwas.
Euch muss ich enttäuschen,
denn ich bin noch am Leben.

Im Gegenteil, zu euch Ihr Väter,
hab ich etwas geschaffen.
Für alle meine Kinder,
ein warmes Heim.
Und Bande die nicht Tag für Tag,
auseinanderklaffen.
Die fest geknüpft sind,
und das nicht nur zum Schein.

Alles was ich habe,
auch das, was ich nicht will.
Manches kann ich sagen,
bei anderem bleib ich still.
Alles, was ich bin,
bin ich euch zum Lohn.
Denn ich bin meiner,
Väter Sohn.

Euch hab ich es zu verdanken,
dass ich in einer Tour,
damit beschäftigt bin,
nicht zu früh aufzugeben.
Denn alles, was ich tat,
tat ich euch zum Gefallen nur.
Und was durfte ich,
als Dank dafür erleben.

Ihr Väter, die ihr euch am Ende,
aus dem Staub gemacht.
Euch betrankt,
um mich des nächtens aufzuwecken.
Die ihr, wenn ich Fehler machte,
spöttisch habt gelacht.
Dank euch weiß ich bis heute,
wie Kindertränen schmecken.

Alles was ich habe,
auch das, was ich nicht will.
Manches kann ich sagen,
bei anderem bleib ich still.
Alles, was ich bin,
bin ich euch zum Lohn.
Denn ich bin meiner,
Väter Sohn.

Meine Väter, es macht mich traurig,
wenn ich daran denke.
Wie wenig Liebe,
meine Kindheit überstand.
Alles, was ich habe,
musste ich mir mühselig erkämpfen.
Und überwinden,
so manch hohe Wand.

Doch jedes Glück, das mir einst fehlte,
hole ich mir zurück.
Schon um meiner liebsten Willen,
ist es meine Pflicht.
Schenke davon meinen Kindern,
jeden Tag ein großes Stück.
Denn meine Väter, seid gewiss,
wie ihr, bin ich nicht.

Gelernt geduckt zu gehen

Du sitzt im Sessel vor den Nachrichten,
und denkst bei dir, was solls,
machst einfach weiter wie gehabt.
Warum auch solltest du was ändern,
hat bislang doch alles gut geklappt.

Du hast geübt dich zu verstellen.
Dein Wahres ich, kann, niemand seh´n.
Brauchst keine Urteile zu fällen.
Du hast gelernt, geduckt zu geh´n.

Du sagst mal ja, mal sagst du nein oder vielleicht,
kommt halt immer darauf an.
Wie es dir, zum wohlfühlen gereicht,
und ob man in Deckung bleiben kann.

Du hast geübt dich zu verstellen.
Dein Wahres ich, kann, niemand seh´n.
Brauchst keine Urteile zu fällen.
Du hast gelernt, geduckt zu geh´n.

Das Radio berichtet dir, vom Durst der Dritten Welt,
und dein Rotwein schmeckt auf einmal stumpf und fad.
Und bevor er dir vor Schreck, aus den Händen fällt,
gönnst du dir ein heißes Bad.

Und die Träne, die sich ihren Weg sucht, wischt du hastig weg,
während du den Seufzer im Rotweinglas erstickst.
Im inneren zerrissen, nach außen schert es dich einen Dreck,
weil du immer nur, zu Boden blickst.

Du hast geübt dich zu verstellen.
Dein Wahres ich, kann, niemand seh´n.
Brauchst keine Urteile zu fällen.
Du hast gelernt, geduckt zu geh´n.

Doch eines Tages geht dein Blick, zurück auf all die Jahre,
all die Jahre, als dein Rückgrat schleichend brach.
Vielleicht erkennst du den Verrat, an deinen Idealen,
und dein Handeln, das dem Herzen widersprach.

Denn es ist leicht, sich zu verstellen,
und sich in den Wind zu drehen.
Doch lernt man dabei, in den meisten Fällen,
niemehr aufrecht zu gehen.

Der Träumer

Du stehst oft neben dir,
ein Stück weit nennt man´s wohl verpeilt.
Vergisst oft Kleinigkeiten,
besonders wenn´s nicht eilt.
Du bist ein Träumer in einer Welt,
die Träumer nicht sehr mag.
Du selber nennst es Visionär,
wenn dich mal jemand danach fragt.

Wo andere Schatten sehen,
siehst du ein Licht.
Wo andere pessimistisch sind,
bist du es nicht.
Du bist ein Träumer in einer Welt,
die oft nicht träumen kann.
Und nur des Träumers Revolution,
bleibt uns dann.

Wenn jeder zu vergessen scheint,
worum es letztlich geht.
Und mancher glaubt, dass sich die Welt,
ohne ihn nicht weiter dreht.
Und sich nicht schert, um das, was kommt,
nachdem, was er heute getan.
Nie reflektiert, nicht resümiert,
nie hinterfragt, ab und an.

Ich hör schon die, die nach uns kommen,
sagen, Mensch, was ward ihr doch naiv.
Ich für meinen Teil bin lieber,
abgefuckt und kreativ.
Ich mach mir diese Welt,
wie sie mir gefällt.
Auf dass sie noch ein bisschen mehr,
als nur bis morgen hält.

Wir werden weiter träumen,
auf Teufel komm raus.
Denn das ist unsere Welt,
das ist unser Zuhaus.
Wir sind Träumer in einer Welt,
die Stück für Stück zu Staub zerfällt.
Wir selber nennen´s Visionär,
auch wenn man uns für Spinner hält.

Meine Liebe

Du hast mir vom ersten Tag,
bis heute beigestanden.
Mir oft erzählt, dass es Schicksal war,
dass wir uns beide fanden.
Hast nie auch nur eine Sekunde,
gezögert wenn es hieß.
Mich aufzufangen, weil mich mal wieder,
aller Mut verließ.

Hast dich um mich gekümmert,
war ich einmal krank.
Und litt wie Männer leiden,
dafür vielen Dank.
Und hatte ich mal wieder,
die verrücktesten Ideen.
Fingst du nur an zu lachen,
na mach schon Junge, du wirst schon sehen.

Du meine Liebe, meine Freundin, meine Frau.
Dir will ich heute sagen,
ich liebe dich wie sau.
Bis zum bitteren Ende,
wann immer das auch ist.
Bin ich dankbar jeden Tag,
dass du an meiner Seite bist.

Mit mir hast du gelitten,
gestritten und gelacht.
Mit mir hast du bis heute,
einfach alles mitgemacht.
Gab es auch mal schwere Zeiten,
manchmal mehr, als man erträgt.
Hast du mit mir, Schritt für Schritt,
nach vorn zurückgelegt.

Du meine Liebe, meine Freundin, meine Frau.
Dir will ich heute sagen,
ich liebe dich wie sau.
Bis zum bitteren Ende,
wann immer das auch ist.
Bin ich dankbar jeden Tag,
dass du an meiner Seite bist.

Du bist immer für mich da,
egal wann ich dich brauch.
Du hast immer einen Rat,
steh ich mal wieder auf dem Schlauch.
Du bist die schönste Frau auf Erden,
gibst meinem Leben einen Sinn.
Die Einzige auf Erden,
die mich so nimmt, wie ich bin.

Du meine Liebe, meine Freundin, meine Frau.
Dir will ich heute sagen,
ich liebe dich wie sau.
Bis zum bitteren Ende,
wann immer das auch ist.
Bin ich dankbar jeden Tag,
dass du an meiner Seite bist.

Die kleine Bar am Hafen

In der kleinen Bar am Hafen,
an einem Sonntag, glaube ich,
da sah ich diese wunderschöne Frau.
Sie saß da und trank Kaffee,
las einen Zeitungsbericht,
übers Reisen, doch so genau weiß ich das nicht.
Sie blickte öfters auf,
doch mich konnte sie nicht sehen,
ich saß hinter einem jungen Paar versteckt.
Sie hatte schon gezahlt,
wollte gerade gehen,
nahm ihre Tasche, doch blieb sie plötzlich stehen.

Sie drehte sich zu mir,
schob ihr Haar hinters Ohr,
und ihre Finger tippten kurz an ihre Stirn.
So als fiel ihr etwas ein,
als hätte sie noch etwas vor,
einen Termin vielleicht oder zum Markt am Leher Tor.
Und ich dachte so bei mir,
wenn nicht jetzt wann dann,
ich stand auf und ging langsam auf sie zu.
Nahm meinen ganzen Mut zusammen,
sprach sie einfach an,
guten Tag, Lust auf Kaffee und wenn ja, wann?

Sie musterte mich kurz,
war offensichtlich aufgewühlt,
mein Vorgehen war wohl etwas zu trivial.
Sie hätte Sorgen, die selbst,
der beste Kaffee nicht fortspült,
dann sagte sie zu mir, dass sie sich nicht recht fühlt.
Und ich reichte ihr die Hand,
setzte sie auf eine Bank,
entschloss mich nichts zu sagen, stand nur da.
Fast lautlos sprach sie,
als ihr Kopf nach unten sank.
Verzeihen sie und vielen Dank.

Sie blickte mich nicht an,
sah nur im Gastraum umher,
und ich hielt noch eine Weile ihre Hand.
Seit jenem Sonntag komme ich,
einmal täglich her,
doch in der kleinen Bar am Hafen sah ich sie niemehr.
Ich frage mich bis heute,
was aus ihr geworden ist,
was sie macht und wohin sie verschwand.
Vielleicht quälte sie, was mich quält,
dass man jemanden vermisst.
Ich denke, dass man das Verlieben
nur in Augenblicken misst.
Also schau ich einfach jeden Tag vorbei,
in der Hoffnung, dass es bald der Letzte sei.

Traurig kranker Mann

Ich wach auf, irgendetwas stimmt nicht,
irgendwas läuft gewaltig schief.
Was stimmt denn nicht mit meiner Nase,
schnief.
Und die Augen, meine Augen, oh Gott ich werde blind.
Und die Ohren, hören Stimmen, die nicht die meinen sind.

Meine Glieder schmerzen, das Herz es randaliert.
Gestern war doch alles noch in Ordnung.
Was ist letzte Nacht passiert?

Ja der Tod kam zu mir, als Influenza.
Gestern noch ein Bild von einem Mann,
und heute lieg ich da.

**Koch mir Suppe Weib,
mach mir Tee.
Nur diesen einen Wunsch noch,
bevor ich geh.
Ruf den Pfarrer an und Mutti auch.
Weil ich meine letzte Ölung und meine Mama brauch.
Mach mir Wadenwickel,
ich hab schon Hitzepickel.
Mir ist heiß, ne kalt,
ne doch heiß was'n Scheiß.
Ich brauch Hilfe man, schau mich doch nicht so an.
Ich kann doch nichts dafür,
ich bin ein traurig kranker Mann.**

Und jetzt lieg ich, schon seit Tagen,
wie ein Häufchen Elend, auf der Couch.
Ich habe Schmerzen, ich leide Qualen,
ich habe Kopfweh, ich habe autsch.
Kann mein Essen, nicht behalten,
kann kaum trinken, tut so weh.
Und die Männer, dieser Welt,
denken sich, ja man, ist schon Ok.

Denn sie wissen, wie ich leide,
mussten es selber, schon erfahr´n.
Wissen ganz genau, wie´s war,
als sie dem Tode, nahe war´n.

Ja der Tod kam zu mir, als Influenza.
Gestern noch ein Bild von einem Mann,
und heute lieg ich da.

Koch mir Suppe Weib, mach mir Tee.
Nur diesen einen Wunsch noch, bevor ich geh.
Ruf den Pfarrer an und Mutti auch.
Weil ich meine letzte Ölung und meine Mama brauch.
Mach mir Wadenwickel, ich hab schon Hitzepickel.
Mir ist heiß, ne kalt, ne doch heiß was´n Scheiß.
Ich brauch Hilfe man, schau mich doch nicht so an.
Ich kann doch nichts dafür,
ich bin ein traurig kranker Mann.
Ich verrecke hier, geh vor die Hunde,
und werd von ihr nur ausgelacht.
Sie will es einfach, nicht verstehe´n,
doch ich hab 37,8.

Ja der Tod kam zu mir, als Influenza.
Und jetzt lieg ich auf dem Sofa und schaue Filme,
mit Bud Spencer.

Als ich ein Kind war

Was war ich doch als Kind naiv,
wenn ich nachts im Bettchen schlief.
Keine Ahnung von den Dingen,
die Erwachsene zum Bangen bringen.
Meine Welt war bunt und groß,
und voller Abenteuer bloß.
Voll Neugier alles hinterfragen,
ein Wunder nach dem Nächsten jagen.

Was war ich doch als Kind behütet,
wusste nichts vom Sturm, der wütet.
Draußen im realen Leben,
denn ahnungslos stand ich daneben.
Ich wusste nichts, von all den Sorgen,
die da warten und mich morgen.
Ganz heimlich und auf leisen Sohlen,
in das reale Leben holen.

Mitunter ging ich heimlich fort,
zog meine Kreise durch den Ort.
Blieb manchmal vor den Fenstern stehen,
um nur ganz kurz hinein zu sehen.
Oft schlich sich der Gedanke ein,
ich wollt so gern erwachsen sein.
Voll Übermut und Tatendrang,
der vielleicht ein Leben lang,

mit mir geht, ganz gleich wohin,
doch stehe ich heute mittendrin.
In dem, was man vor mir verbarg,
was mich heut´ leitet, Tag für Tag.
Den Ängsten wegen Haus und Hof,
der Frau, den Kindern, dem Beruf.
Den Konflikten auf der Welt,
und dem, was man für richtig hält.

Ich sehe meine Kinder an,
die sorgenlos mit Eisenbahn,
Puppe und auch Teddybär,
spielen, so als wenn nichts wär.
Ich hoffe, dass so lang es geht,
sich alles nur ums Kind sein dreht,
denn früher oder später wird,
die kleine heile Welt zerstört.

Denn älter werden heißt fast immer,
auch die Sorgen werden schlimmer.
Erwachsen wird man Schritt für Schritt,
doch die Probleme wachsen mit.
So bleibt am Schluss zu überlegen,
ein Stück der Kindheit aufzuheben.
Denn manchmal wäre ich gern naiv,
so, wie ich als Kind einschlief.

Das Kind im Brunnen

Das Kind spielt fein, es tobt und lacht,
dann plötzlich fällt es in den Schacht.
Die Mutter sprach noch, sieh dich vor,
auch Vater lag dem Kind im Ohr.
Das Kind es hörte all die Worte,
jene Worte von der Sorte,
die es doch schon, so oft vernahm,
auf allen Wegen mit bekam.
Das Kind ist oft sehr dusselig,
den Mund spricht man sich fusselig,
vergisst den Ratschlag, den es kriegt,
bis es dann, im Brunnen liegt.

Der Mondmann

An manchen Tagen stell ich mir vor,
ich säße allein auf dem Mond.
Und werfe Papierkugeln auf die Welt,
und niemand bliebe verschont.
Wo Kriege herrschen und Idioten regieren,
bräche alles entzwei.
Panzer blieben dann allesamt stehen,
und stünden hilflos dabei.

Staaten würden im Staub ersticken,
Systeme kollabieren.
Maschinen liefen durcheinander,
den Menschen tät´s verwirren.
Es läge die Welt in Trümmern,
nicht mehr als sie es ohnehin tut.
Und endlich kehrte Ruhe ein,
Schluss mit der ganzen Wut.

Und ich säße lachend auf dem Trabanten.
Und blickte zufrieden hinab.
Die letzte Kugel ginge vorbei,
ja ein Schuss vor den Bug, nur ganz knapp.

Die Armen täten schreien vor Freude,
die Reichen aus Zorn.
Alle würden von jetzt an gleich,
niemand wäre vorn.
Niemand könnte von sich behaupten,
besser gestellt zu sein.
Alle säßen wir im gleichen Boot,
und gleichermaßen klein.

Und ich säße lachend auf dem Trabanten.
Und blickte zufrieden hinab.
Die letzte Kugel ginge vorbei,
ja ein Schuss vor den Bug, nur ganz knapp.

*„Ach es wäre wirklich erbaulich,
könnte ich das einmal nur tun.
Dort oben sitzen, Papierkugeln rollen,
und sicher nicht eher ruh´n.
Bevor diese Welt in ihrer Pracht,
nicht einmal mehr rotiert.
Und die Impertinenz ihrer Bewohner,
gänzlich an Sinn verliert.“

Und ich säße lachend auf dem Trabanten.
Und blickte zufrieden hinab.
Die letzte Kugel ginge vorbei,
ja ein Schuss vor den Bug, nur ganz knapp.

Nur leider sitz ich hier unten,
mit allen anderen im Dreck.
Den Mond kann ich sehen, fast schon berühren,
doch komm ich hier nicht weg.
Bin hier gefangen mit all den Idioten,
die am Druckventil stehen.
Und dies kleine Rädchen, statt zu entlüften,
noch fester zudrehen.

So wird wahrscheinlich alles enden,
mit einem riesigen Knall.
Und dann fliegt für alle Zeiten,
nur noch der Mond durchs All.

---

* Diese Strophe findet sich nicht auf dem Album wieder und wird nur hin und wieder auf Konzerten gesungen.

Auf den nun folgenden Seiten finden sich Liedtexte, die es bislang nicht auf eines der Alben geschafft haben. Dafür gibt es natürlich vielerlei Gründe. In der Regel schreiben viele Musiker ihre ersten Songs und bringen sie zeitnah auf die Bühne, um sie ihrem Publikum zu präsentieren. Im Idealfall produzieren sie mit eben diesen Titeln, ihr erstes Album und von da an, geht es immer so weiter. Ich allerdings habe geschrieben und geschrieben, bis ich mich dann endlich entschloss, ein Album aufzunehmen. Und was soll ich sagen, auf so einer Scheibe ist viel zu wenig Platz. Aber mal im Ernst, es ist schon von Vorteil aus vielen Liedern wählen zu können und ich hoffe doch noch einige aufzunehmen, wenn ihre Zeit gekommen ist.

Ackermann

Ackermann hat es faustdick hinter den Ohren,
denn er ist Geschäftsmann durch und durch.
Ackermann wurde schon so geboren,
kennt keine Skrupel, kennt keine Furcht.
Demzufolge wurde aus Ackermann ein Bänker,
denn Zahlen hat er immer schon gemocht.
Ein Alphatier, ein Macher, ein Lenker.
Doch letztlich haben sie ihn eingelocht.
Er drehte wohl zu oft an seinen Zahlen,
verschob mal hier mal da so manche Mark.
Seinem eigenen Konto zum Gefallen,
bis zu jenem verhängnisvollen Tag.

Es war früh morgens, als es an der Türe schellte.
Ein Mann im Anzug, zwei in Uniform.
Dabei ein Hund, der fanatisch bellte.
Ja, für Ackermann war die Konsequenz enorm.
Man hielt sich nicht an lange Worte,
kam zur Sache und reichte den Beschluss.
Ein Nachbar rief noch, ob er es schon hörte,
er stünde in der Presse unter heftigem Beschuss.
Sie fanden alles, wonach sie spürten,
jedes noch so kleine Detail.
Alle Wege, alle Konten, die führten,
am unliebsamen Fiskus vorbei.

Und der Richter verknackt ihn zu sechs Jahren,
jetzt sitzt Ackermann irgendwo im Loch.
Will nach der Strafe erstmal in den Urlaub fahren.
Denn was verjährt ist, das hat er ja noch.

An nur einem Tag

Ich hab gesehen, wie Wolken zieh´n.
Ich hab gesehen, wie Regen fällt.
Ich hab gesehen, wie Menschen blind vertrauen.
Auch wenn man nichts für vertrauenswürdig hält.

Ich hab gesehen, wie Kinder lachen.
Ich hab gesehen, wie Mut entsteht.
Ich hab gesehen, wie Träume fliegen lernen.
Auch wenn man glaubt, dass nichts mehr geht.

Ja das alles hab ich an nur einem Tag gesehen.
Und aus diesem Grund kann ich nicht verstehen.
Warum man diese Welt mit Füssen tritt.
Ja da mach ich nicht mehr mit.

Ich hab gesehen, wie Hochmut fällt.
Ich hab gesehen, wie man im trüben Wasser fischt.
Ich hab gesehen, wie ein Zweifler zweifelt.
Ich hab mich selbst dabei erwischt.

Ich hab gesehen, wie Vertrauen wächst.
Ich hab gesehen, wie Kraft entsteht.
Ich hab gesehen, dass Träume fliegen lernen.
Auch wenn man glaubt, dass nichts mehr geht.

Ja das alles hab ich an nur einem Tag gesehen.
Und aus diesem Grund kann ich nicht verstehen.
Warum man diese Welt mit Füssen tritt.
Ja da mach ich nicht mehr mit.

Ich hab gesehen, wie starke Männer weinen.
Ich hab gesehen, dass sie trotzdem aufrecht steh´n.
Ich hab gesehen, wie tapfer Frauen kämpfen,
die für ihre Rechte auf die Straße gehen.

Ich hab gesehen, wie Hoffnung keimt.
Ich hab gesehen, wie aus nichts etwas entsteht.
Ich hab gesehen, dass Träume fliegen lernen.
Auch wenn man glaubt, dass nichts mehr geht.

Ja das alles hab ich an nur einem Tag gesehen.
Und aus diesem Grund kann ich nicht verstehen.
Warum man diese Welt mit Füssen tritt.
Ja da mach ich nicht mehr mit.

Briefe

Zwei stehen da und sagen sich „Bis bald".
Halten sich verlegen die Hände.
Für einen Moment der Ewigkeit,
nebeneinander, wie zwei sich Fremde.

Der eine muss gehen, der andere muss bleiben.
Und ob sie das wollen hat niemand gefragt.
Für lange Zeit wird man sich nur schreiben.
Einen Brief, der den nächsten jagt.

In jeder Zeile tröstende Worte,
und wie immer am Ende steht ein Kuss.
Und immer ein Foto, eins von der Sorte,
die man nicht jedem zeigen muss.

So zählen beide die Sekunden,
jeden Gott verdammten Tag!
Bis die Sehnsucht überwunden,
die wie ein Stein im Herzen lag.

Denn, der eine dort, der andere hier,
immer größer wird der Drang.
Liebe übersteht, selbst auf Papier.
Manchmal auch ein Leben lang.

Clowns

Vorhang auf, die Kapelle ertönt,
das Kichern der Clowns in den Sitzreihen dröhnt.
Das Publikum gibt wilden Applaus,
ein Schelm nach dem anderen kommt tanzend heraus.
Sie purzeln, sie springen, sie albern herum,
sie necken und machen sich fürs Publikum,
zum Narren und da liegt das Problem.
Niemand kann hinter die Masken sehen.

Nach der Vorstellung gehen die Leute hinaus,
die Clowns ziehen ihre Verkleidungen aus.
Schminken sich ab und eh man sich versieht,
die Häupter sich senken, das Lachen verfliegt.
Ihre eigenen Sorgen kehren zurück,
die fehlende Freude, das fehlende Glück.
Jeden Tag in der Manege zu stehen,
mit ihrem Zirkus nicht unter zugehen.

Nicht grad viele Gäste konnten sie zählen,
wozu also sich noch länger hier quälen.
Und doch ziehen sie weiter, zur nächsten Stadt,
weil keiner von ihnen etwas anderes hat.
Sie purzeln, sie springen, sie albern herum,
sie necken und machen sich fürs Publikum,
zum Narren und da liegt das Problem.
Niemand kann hinter die Masken sehen.

Sie purzeln, sie springen, sie albern herum,
sie necken und machen sich fürs Publikum,
zum Narren und von Leid keine Spur,
und doch sind es traurige Darsteller nur.

Das Mädchen im Wald

Eine Maid liegt erschlagen am Wegesrand.
Ein Jüngling davor steht mit zitternder Hand.
Dann kniet er sich nieder, berührt ihren Leib.
Was hat angetan er, dem eigenen Weib.
Sie hatten gestritten, er spürte nur Schmerz.
Stieß vor Eifersucht einen Dolch ihr ins Herz.

Dem Weib, das du liebtest, hast du Unheil getan.
Für die Schwere der Sünde in die Hölle sollst du fahren.
Hast getötet ihre Liebe, den Körper, den Geist.
Bist verflucht bis in die Ewigkeit.

Zieht ihren Leib in den Wald, um sie dort zu verscharr´n.
Niemals soll jemand, davon erfahren.
Doch es gibt einen Zeugen für das üble Vergehen.
Die Mutter des Jünglings hat alles gesehen.
Doch soll sie verraten den eigenen Leib?
Sie entschließt sich, zu schweigen, hilft vergraben das Weib.

Dem Weib, das du liebtest, hast du Unheil getan.
Für die Schwere der Sünde in die Hölle sollst du fahren.
Hast getötet ihre Liebe, den Körper, den Geist.
Bist verflucht bis in die Ewigkeit.

Niemals erfuhr man, wo sie ist, wie sie starb.
Niemals erfuhr man, dass der Wald wurd´ ihr Grab.
Mutter und Sohn war´n nie wieder gesehen.
Doch am Ende vor dem Teufel sie stehen.

Dem Weib, das du liebtest, hast du Unheil getan.
Für die Schwere der Sünde in die Hölle sollst du fahren.
Hast getötet ihre Liebe, den Körper, den Geist.
Bist verflucht bis in die Ewigkeit.

Das reine Gewissen

In einem Haus, kurz vor der Stadt,
sitzt allein und in Gedanken ein Soldat.
In der Hand hält er ein Foto,
zum Glück hat er es gemacht,
darauf zu sehen ist sein Vater,
der ihm entgegenlacht.
So sitzt er fast im Dunkeln,
nur ein Kerzenlicht das scheint.
Von draußen kann man hören,
wie er leise für sich weint.

Es ist der Krieg, der ihn zerfrisst.
Angst macht sich in ihm breit.
Er weiß nicht mehr, wer er ist.
Er hat Angst, dass ihn niemand hört,
wenn er schreit.

Und so denkt er an die Zukunft, was wird wohl passieren.
Wird er auch, wie tausende vor ihm, sein Leben verlieren?
Sehr vermisst er seine Frau,
und ihm fehlen seine Kinder.
Wer würde, wenn er fort ist,
sich liebend um sie kümmern?
Dann erblickt er sich im Spiegel,
sieht die Uniform und das Gewehr.
Und er wünschte, er könnte lächeln,
doch seine Lippen bleiben leer.

Es ist der Krieg, der ihn zerfrisst.
Angst macht sich in ihm breit.
Er weiß nicht mehr, wer er ist.
Er hat Angst, dass ihn niemand hört,
wenn er schreit.

Er steht auf und geht zum Fenster, draußen sieht er seine Frau.
Er will leben, und zwar lange, das weiß er jetzt genau.
Sofort beginnt er leicht zu lächeln,
und er fast sich neuen Mut.
Nimmt das Foto seines Vaters,
gleich wird alles gut.
Er nimmt die Uniform und das Gewehr,
wirft alles in den Schrank.
Geht zum Spiegel und sagt leise,

„Gewissen, vielen dank!"

Der Drachentöter

Mit glänzender Rüstung auf seinem Pferd,
reitet der Ritter mit seinem Schwert.
Über Wiesen und Felder, mit Wappen und Schild,
den Drachen zu jagen, den zu töten es gilt.
Und so reitet er, ohne zu ruhen, durchs Land,
auf Befehl seines Königs, der ihn entsandt.

Und so reitet er und so streitet er,
seine Feinde sind die Drachen.
Getrieben durch Wut, begleitet von Mut,
dem Monster ein Ende zu machen.

In der Ferne dann, sieht er ihn,
macht sich bereit für die Schlacht.
Er muss sich beeilen, zu töten ihn,
denn er weiß, bald wird es Nacht.
Viele Stunden dauert der Kampf,
doch der Drache ist der Verlierer.
Der Ritter verletzt am Boden kniet,
doch er weiß, er ist der Sieger.

Und so reitet er und so streitet er,
seine Feinde sind die Drachen.
Getrieben durch Wut, begleitet von Mut,
dem Monster ein Ende zu machen.

Er kehrt zu seinem König zurück,
als Ritter, der den Drachen bezwang.
Dort feiert man ihn als mutigen Mann,
mit viel Musik und Gesang.
Doch fehlt dem Ritter, schon in der ersten Nacht,
das reiten in die Schlacht.
Nur weiß er noch nicht, dass er den Letzten,
Drachen umgebracht.

Und so reitet er und so streitet er,
seine Feinde sind die Drachen.
Getrieben durch Wut, begleitet von Mut,
dem Monster ein Ende zu machen.

Der Jonas

Die Besatzung kränklich klagend,
ihre Augen müd und leer,
steht stirnrunzelnd, selbst sich fragend,
der Kapitän mit Blick aufs Meer.
Auf der Brücke seines Schiffes,
das er durch manchen Sturm geführt.
Und dessen Segel stolz und mächtig,
lang nicht mehr vom Wind berührt.

Ob jedes Schiff, das auf den Meeren,
das schon einmal vom Pech bedrängt,
und es nicht anders konnt erklären,
des Jonas Mythen Glauben schenkt.

Und es stellt sich nun die Frage,
wie erkennt man jenen Geist.
Der als ärgste jeder Plage,
die sieben Weltmeere bereist.

Denn immerzu quält der Gedanke,
dass ein jeder könnte es sein,
Doch, der Gang über die Planke,
nur dem Jonas gilt allein.

In Gesprächen mit der Mannschaft.
Kommt der Kapitän zum Schluss,
dass der höchste Rang des Schiffes,
Jonas Einfluss haben muss.

Denn, als die letzten Winde wehten,
das ist jedem wohl bekannt,
er selbst, der Kapitän,
auf dem Schiffsdeck stand.

Kaum ist er, der arme Teufel,
als der Jonas wohl erkannt.
Stellt die Besatzung den Verräter,
mit dem Rücken an die Wand.
Und der Wind berührt die Segel,
gleichwohl einer Zauberhand.
Als sie werfen jenen Flegel,
Backbord über den Schiffsdeckrand.

Nun ist vorbei der Winde Flaute,
und sie Segeln in die Nacht.
Doch niemand ahnt, dass sich der Jonas,
zur Verfolgung aufgemacht.

Der Weihnachtsmann ist tot

Wir sitzen vor dem Fernseher,
ergötzen uns an Brüsten,
parallel ersaufen Kinder,
vor Europas Küsten.
Dann liegt da halt ein kleiner Junge,
tot am Badestrand.
Schlecht für den Tourismus.
Haben sie es genannt.

In Syrien da fallen Bomben,
auf einen Kindergarten,
doch wenn Despoten Kriege führen,
ist das wohl zu erwarten.
Denn horch, was kommt von draußen rein.
Horch, was ist denn das?
Assad bringt Geschenke,
verpackt in einem Fass.

Ja der Weihnachtsmann, der Weihnachtsmann,
der Weihnachtsmann ist tot.
Der Krieg ist legitim,
der Frieden steht unter Verbot.
Den hungernden Kindern
klauen wir das letzte Brot.
Ja der Weihnachtsmann, der Weihnachtsmann,
ist offensichtlich tot.

Es sitzen kleine Kinder,
vor dem leeren Brunnenschacht,
daneben steht ein Mann im Anzug,
der hämisch lacht.
Und am Brunnen hängen Schilder,
die wohl passender nicht wär'n.
Wie pumpen hier für Sie,
freundlichst, Ihr Konzern.

Ach ja, auch der Ring an ihrem Finger,
was ein schöner Stein.
Gold und Diamanten,
finden alle Menschen fein.
Doch auch hier sind's oftmals Kinder,
die diese Klunker finden.
In euren Mienen, wo sie sich,
dafür zu Tode schinden.

Ja der Weihnachtsmann, der Weihnachtsmann,
der Weihnachtsmann ist tot.
Der Krieg ist legitim,
der Frieden steht unter Verbot.
Den hungernden Kindern
klauen wir das letzte Brot.
Ja der Weihnachtsmann, der Weihnachtsmann,
ist offensichtlich tot.

Die Klamotten, die wir tragen,
Primark sei´s gedankt,
ist Ware die durch Kinderhände,
ins Regal gelangt.
Auch Jack&Jones, H&M,
oder C&A.
Kleine Hände, kleine Nähte,
klingt doch wunderbar.

Auch Kriege sind ja, Gott sei dank,
nicht immer ganz konform,
da näht sich halt die kleine Hand,
selbst die Uniform.
Wie viele Kinder töten müssen,
zählt man nur ungefähr.
Jedoch sind all die Angaben,
ganz sicher, mit Gewehr.

Ja der Weihnachtsmann, der Weihnachtsmann,
der Weihnachtsmann ist tot.
Der Krieg ist legitim,
der Frieden steht unter Verbot.
Den hungernden Kindern
klauen wir das letzte Brot.
Ja der Weihnachtsmann, der Weihnachtsmann,
ist offensichtlich tot.

Und wer jetzt denkt, das sei unglaublich,
oder wäre wohl zu harsch.
Zieht lieber mal den eigenen Kopf,
ganz schnell aus seinem Arsch.
Denn auch hier in Deutschland,
wer die Statistik noch nicht kennt.
Liegt Kinderarmut, bei 23,5 %.

(Stand 2021) Schaut einfach mal nach. Tendenz steigend.

Der Werwolf

Der Bettler läuft geschwind durch den Wald.
Nebel zieht auf, es wird fürchterlich kalt.
Er bittet um Einlass in ein Lokal.
Er kann sich erinnern, hier war er schon mal.

Hat hier getrunken, Geschichten erzählt.
Und mit vielerlei Lügen die Gäste gequält.
Er spricht von dem Monster, das hinter ihm her.
Doch man weiß, wer er ist und glaubt ihm nicht mehr.

**Man kennt die Geschichte,
ein grausamer Wolf,
zieht nachts in den Wäldern umher.
Doch sind´s nur Legenden,
denn wer immer ihn traf,
lebt wohl längst nicht mehr.**

Die Tür wird verschlossen, er kommt nicht hinein.
Und drinnen, sie lachen, sie hören ihn nicht schreien.
Nur einer grübelnd am Fenster noch steht.
Und sieht, wie der Bettler auf Knien noch fleht.

Dann geht er zu Bett und träumt von dem Tier.
Als er am Morgen erwacht war die Bestie längst hier.
Hat alle getötet, nur der Bettler noch lebt.
Sagt, „Ich wollte euch warnen", sich umdreht und geht.

**Man kennt die Geschichte,
ein grausamer Wolf,
zieht nachts in den Wäldern umher.
Doch sind es nur Legenden,
denn wer immer ihn traf,
lebt wohl längst nicht mehr.**

Die Frau in der Firma

Pünktlich 05:30 Uhr schreit der Wecker ihr ins Ohr.
Sie ist noch müde vom Arbeitstag zuvor.
Sie quält sich nur mit Mühe durch den Flur ins Bad.
Ein ganz normaler Morgen, ein ganz normaler Start.

Schnell Brote für die Kleinen, für sich selbst einen Kaffee.
Für die Arbeit einen Apfel und eine Kanne heißen Tee.
Fährt die Kinder in die Schule und sich selbst in den Betrieb.
Zum Verschnaufen keine Zeit,
da die im Stau, auf der Strecke blieb.

Kommt als Erste ins Büro, außer ihr ist niemand da.
Der Kollege kommt mal wieder später, war ja klar.
Der muss sich auch nicht sorgen, denn man stellte ihn ja ein,
weil man ihn von früher kannte, aus dem Fußballverein.

Sie schuftet schon seit Jahren, Tag ein, Tag aus.
Gibt alles für die Firma, ist abends spät zu Haus.
Die Kinder sind bei Freunden, wenn´s mal richtig lange geht,
weil sie mehr von ihrer Arbeit als die Kollegen versteht.

Man dankt es ihr kaum, sieht meistens über sie hinweg.
Würdigt selten ihre Arbeit, sieht nicht,
was wirklich in ihr steckt.
Das enttäuscht sie und ernüchtert ungemein,
doch das wird sie niemals zeigen, so wird sie niemals sein.

Eine eigene Firma, das ist ihr großer Traum.
Selbst die Chefin sein, einfach in den Sack zu hauen.
Da wäre sie der Boss und eines stünde fest,
sie ginge ihren Weg und pfeift auf den Rest.

DU Egoist!!!

Dein Leben ist ein Seiltanz,
meist auf einem Bein.
Eine Hand hält den Schirm für die Balance,
die andre eine Flasche Wein.
Nur Meins! Meins! Meins! Und Ich! Ich! Ich!
Steht in deinem Manifest.
Nein, meine Suppe ess ich nicht!
Du nimmst dir trotzdem noch den Rest.

**Der Mensch, den du am meisten magst,
gewiss nicht er, nicht sie, nicht ich.
Denn auch wenn du etwas anderes sagst.
Du liebst nur Dich!**

Doch inzwischen weiß ein jeder,
wie du wirklich tickst.
Statt zu geben, nimmst du lieber.
Du holst auch nicht, du schickst.
So kommt es auch nicht bei dir vor,
für andere einzustehen.
Nur deinen Sorgen schenkst du ein Ohr,
alles muss sich um dich drehen.

**Der Mensch, den du am meisten magst,
gewiss nicht er, nicht sie, nicht ich.
Denn auch wenn du etwas anderes sagst.
Du liebst nur Dich!**

Einfach Welt

Obst fällt von den Bäumen, Krähen streiten sich darum,
ein Bär nutzt den Moment für seine Jagd.
Fette Fliegen schwirren surrend,
um den Kriegsschauplatz herum,
die kommen immer, ohne das sie jemand fragt.

Und der Boden ist durchtränkt, vom Saft der süßen Früchte,
an dem sich Würmer nähren, in unendlich großer Menge.
Alle kommen aus den Löchern, folgen den fauligen Gerüchen,
jeder sucht sich seinen Platz, in dem rastlosen Gedränge.

Ach, wär diese Welt, nicht diese Welt.
Dann wär die Welt,
einfach Welt und fabelhaft.

Karge Bäume bleiben übrig, längst das Blätterkleid verwelkt,
und an der Rinde scheuert sich der Bär den Wanst.
Hoch am Himmel fliegt ein Adler, dem das alles nicht gefällt,
dass man trotz seiner Ermahnungen, auf seiner Nase tanzt.

Ach flieg nur weiter kleiner Adler,
scher dich nicht um diesen Ort,
lass Fliegen, Fliegen und Würmer, Würmer sein.
Mach´s doch, wie das ganze andere Vieh
und flieg einfach wieder fort,
solls eines andren, Sorge sein.

Ach, wär diese Welt, nicht diese Welt.
Dann wär die Welt,
einfach Welt und fabelhaft.

Erbschleicherbuckelbande

Das sind die Erbschleicherbuckelbanden,
immer diese Drecksverwandten,
die man nur bei Trauerfeiern sieht.
Cousin, Cousinen, Onkel, Tanten,
die niemandem je nahestanden,
doch da sind, wenn man in der Kiste liegt.
Dann kommen sie in großen Scharen,
als ob sie nie woanders waren,
tun so, als ob sie jeder kennt.
Schmieden Pläne, lächeln dreist,
streiten wie die Teufel meist,
verweisen auf ihr Recht im Testament.

Da stehen sie nun mit Unschuldsmiene,
fahren auf der Opferschiene,
sie hätten den Verstorbenen geliebt.
Heucheln räuspernd ihre Trauer,
und werden auch so gleich genauer,
wie´s denn mit dem Erbanteil aussieht.
Wer bekommt denn was genau,
warum bekommt die Ehefrau,
denn eigentlich so furchtbar viel?
Die hat ihn doch bestimmt betrogen,
und andauernd angelogen,
trieb doch immer nur ein falsches Spiel.

Und was ist denn mit den Kids,
das ist doch wohl ein schlechter Witz,
diese frechen, undankbaren Gören.
Wir kannten ihn viel länger schon,
und sei´s halt nur am Telefon,
ließen wir uns hin und wieder hören.

Und jetzt bekommen wir,
nur die Reste hier,
nur die letzten Krümel noch vom Kuchen.
Unser Anwalt wird's schon machen,
euch vergeht schon noch das Lachen,
ja, ihr werdet uns schon noch verfluchen.

Ach wisst ihr, das tun wir doch schon,
wir hören uns am Telefon,
aber jetzt könnt ihr euch gern verpissen.
Wir sehen uns wann anders halt,
die Oma ist ja auch schon alt,
doch sicher wird auch sie euch nicht vermissen.
Macht was immer euch gefällt,
euch bei guter Laune hält,
wo auch immer, interessiert mich nicht.
Also Tschüss, auf Wiedersehen,
durch diese Tür dort dürft ihr gehen,
nur eins noch,

wie heißt ihr eigentlich?

Fotos

Betrachte ich die Fotos an der Wand,
vergangener Jahre, vergangener Zeit.
Momente, die ich festhaltenswert fand.
Entdecke ich die eine oder andere Kleinigkeit.

An Freunden und Bekannten, an mir ebenso,
kleine Unterschiede, zum hier und jetzt.
Sag mir dann gern, ja, damals war das so.
Hab Prioritäten damals anders gesetzt.

Diese Fotos an der Wand, als Zeugnis meines Lebens,
mit Noten, die ich selbst geschrieben hab.
Manch Fehler zu beheben, versuche ich vergebens,
wie es scheint, wär auch die Zeit dafür zu knapp.

Doch im besten Falle sieht man mir es nach,
dass ich nicht immer, am richt´gen Kurs entlang,
in See, mit zu viel Übereifer stach,
wer ist schon fehlerfrei von Anfang an.

Betrachte ich die Fotos an der Wand,
dann fällt mir immer wieder auf.
Die Bilder, halten mich auf Stand,
nimmt die Zeit auch unerbittlich ihren Lauf.

Und wann immer mir das jetzt zu fremd erscheint,
betracht´ich die Momente meines Lebens.
Dann wird gelacht, auch Mal geweint,
denn die Erinnerung, lebt nie vergebens.

Für Freunde

Es läuft nicht immer alles nach Plan,
man muss auch mal durch Stürme fahren,
ohne dabei, zu Grunde zu gehen.

Manchmal macht man Dummes zu Hauf,
und kleckert immer noch einen drauf,
dann will man sich selbst, nicht im Spiegel sehen.

Es dauert auch mal länger bis man erkennt,
dass man in die falsche Richtung rennt,
und sich selbst verliert.

Dann schmeiß den Anker und zur Wende bereit,
zügig jetzt, verlier keine Zeit,
bevor man sich verirrt.

Am liebsten will man einfach nur rennen.
Irgendwohin, ganz egal.
Wo die Sorgen, einen nicht kennen.
Irgendwohin, scheißegal.

Manchmal braucht es eine helfende Hand,
einen dritten, bei klarem Verstand,
um sich nicht im Kreis zu drehen.

Einen der sich nicht im Schatten versteckt,
der dir bedingungslos, den Rücken deckt,
der dir hilft, klarzusehen.

Am liebsten will man einfach nur rennen.
Irgendwohin, ganz egal.
Wo die Sorgen, einen nicht kennen.
Irgendwohin, scheißegal.

Ja, manche Menschen kommen und gehen,
manche lassen dich nicht im Regen stehen,
bleibt nur zu sagen, danke dafür.

Ihr Freunde habt auf ewig was gut,
habt Dank, für euren Mut,
bei mir ist für euch immer, eine offene Tür.

Manchmal will man einfach nur rennen.
Irgendwohin, ganz egal.
Wo die Sorgen, einen nicht kennen.
Irgendwohin, scheißegal.

Gartenarbeit

Ich sitze liebend gern auf der Terrasse rum,
rühre lässig meine heiße Tasse Kaffee um.
Schau´ aber dabei nicht so gern in meinen Garten,
wegen der Arbeiten, die da noch auf mich warten.
Denn, der Einzige, der in meinem Garten rackert,
ist der Maulwurf, der in meinem Acker ackert.

Auf einmal hör ich hinter mir ein lautes Schnaufen.
Meistens ein Zeichen dafür schleunigst wegzulaufen.
Ich soll den Garten machen, egal ob ich das will,
meine Frau bittet nicht, sie gibt einen Befehl.
Also baue ich ihr erst mal einen Zaun.
Dafür werden Eichenpfähle in den Boden gehauen.
Bretter ran genagelt und ab dafür.
Fragend sieht mich meine Frau an,
„Was ist mit der Gartentür“.
Der Zaun steht ja fast gerade, fehlt nur noch,
irgendwo zum Durchgehen ein Loch.

Meine Frau hätte so gerne einen Swimmingpool,
und jagt mich wieder einmal raus aus meinem Liegestuhl.
Denn nächste Woche soll es schönes Wetter geben,
also fang ich widerwillig an den Garten auszuheben.
Ich schachte, schichte, baggere und frag´mich.
Warum macht das der blöde Maulwurf denn nicht?
Zügig gieße ich das Fundament,
die Wände schnell gemauert,
der Blutdruck steigt enorm, weil es viel zu lange dauert.
Endlich fertig, meine Frau sagt nur, ach Schatz,
jetzt sieht´s hier aus wie auf dem Truppenübungsplatz.

Ich hab den Swimmingpool gebaut,
den Gartenzaun gezimmert,
doch das Erscheinungsbild,
des Gartens nur verschlimmert.
So wie damals ihre Hecke meiner Feuerstelle wich,
der Geräteschuppen, dessen Wände ich nie strich.
Ganz zu schweigen das Gewächshaus,
dessen Streben ich verbog.
Welches danach, im hohen Bogen, auf den Sperrmüll flog.
Und jetzt macht sie ihren Garten ganz allein,
bezieht mich da auch lieber nicht mit ein.

Heut bin ich frei

Ich renne Barfuß durch die Stadt,
um mich herum ist alles laut.
Ich hab das alles hier so satt,
alles zu voll, alles zugebaut.

In jeder Ecke steht der Dreck,
meinen Tag diktiert der Frust.
Ich will hier raus, ich muss hier weg.
Brauch wieder Luft in meiner Brust.

**Ab heut bin ich frei, komm mit mir mit und sei dabei.
Ich will nicht länger Sklave sein,
macht euren Scheiß allein.**

Ich nehm nichts mit, ich gehe leer.
Ich kann schon so lang nichts mehr tragen.
Vielleicht komm ich nie wieder her,
ich hab hier eh nichts mehr zu sagen.

In jeder Ecke steht der Dreck,
meinen Tag diktiert der Frust.
Ich will hier raus, ich muss hier weg.
Brauch wieder Luft in meiner Brust.

**Ab heut bin ich frei, komm mit mir mit und sei dabei.
Ich will nicht länger Sklave sein,
macht euren Scheiß allein.**

Ich fang irgendwo neu an,
habe noch kein klares Ziel.
Gebe alles, was ich geben kann,
doch nur das, was ich auch will.

Niemand da der mich ausbremst,
niemand der im Wege wär´.
Und wenn du dies Gefühl auch kennst,
dann jage mir einfach hinterher.

Ab heut bin ich frei, komm mit mir mit und sei dabei.
Ich will nicht länger Sklave sein,
macht euren Scheiß allein.

Im Käfig wie die Ratten

Geht mal durch die Straßen,
da gibt es was zu lachen.
Was unsere Städteplaner,
mit unseren Steuern machen.
Man wirft mit vollen Händen,
das Geld zum Fenster raus.
Und das Grau an den Wänden
schmückt einfach Haus für Haus.

Wahnsinn heißt der Bauherr,
von Schildburg der Polier.
Und ratzfatz sind die Kassen leer,
die Dummen, das sind wir.
Die Straßen sind nur Klüfte,
der Bürgersteig fast weg.
Die schießen aus der Hüfte,
das Heilmittel zum Zweck.

So will doch keiner leben,
wer fühlt sich denn so wohl.
Im Käfig wie die Ratten,
Ästhetik Lebewohl.
Hallo Langeweile,
auf wiedersehen Natur.
Mit uns kann man´s ja machen,
von Aufbegehren keine Spur.

Planen ungeheuerlich,
Haus für Haus entsteht.
Drücken abenteuerlich,
bis einfach nichts mehr geht.
Ein Bollwerk neben´s andere,
Beton wächst überall.
Und wenn ich sag, ich würde wandern,
dann durch einen Wald aus Stahl.

Einst kam auf jeden Städter,
immerhin ein Baum im Park.
Heute steht, alle paar Meter,
totes Gestrüpp vorm Supermarkt.
Lasst einfach manche Lücke leer,
gönnt uns ein wenig Raum.
Weniger ist manchmal mehr,
statt Hochhaus einen Baum.

So will doch keiner leben ...

Einfach alles wird verwandelt,
einfach alles wird zu groß.
Ob es sich auch um Blödsinn handelt,
ihr baut sinnbefreit drauf los.
Immer höher, immer breiter,
ohne Sinn, ohne Verstand.
Immer schneller, immer weiter,
betoniert ihr dieses Land.

So will doch keiner leben …

Irgendwer

Dieses Land ist wie eine Marionette,
auf wackeligen Beinen.
Und wir stehen gefährlich nah,
mit Scheren an den Leinen.
Wir selber sind der Puppenspieler,
der ihre Schritte lenkt.
Doch ziehen wir nicht am selben Strang,
weil jeder hier denkt.

**Irgendwer wird es schon richten,
irgendwer, irgendwer.
Wenn nicht sie, dann du und wenn nicht du, dann er,
und am Ende macht es dann keiner mehr.
Und wenn sich alle so verhalten,
bleibt alles hier beim Alten.
Irgendwer, irgendwer, irgendwer.
Irgendwer, irgendwer, irgendwer.**

Wenn der Spinner Reden hält,
der Dumme applaudiert.
Wenn zwar alle schimpfen,
aber niemand protestiert.
Kann der Rechtsruck der Gesellschaft,
in aller ruh gedeih´n.
Da fällt mir leider wieder,
dies Stück Geschichte ein.

Irgendwer ...

Rechte Populisten
stellen sich zur Wahl.
Und nicht nur hier in diesem Land,
leider auch global.
Und die traurigen Idioten,
die erneut dazu marschieren.
Stehen uns lachend gegenüber,
weil wir nicht reagieren.

Irgendwer ...

Noch haben wir es in der Hand,
wenn wir zusammenhalten.
Probieren wir was Neues aus,
Finger weg vom Alten.
Den Karren aus dem Dreck zu ziehen,
das wär´ ein klares Ziel.
Doch leider liebe Freunde,
glauben immer noch zu viel.

Irgendwer ...

Irland im Pub

In Irland im Pub spielt man so manche Melodei.
Und der eine oder andere Abend geht viel zu schnell vorbei.
Singen, Tanzen, Lachen, gemeinsam musizieren.
Über einzelne Abende kein Wort mehr verlieren.

Schöne Erinnerungen sind immer mit dabei.
In Irland im Pub spielt man so manche Melodei.

In Irland im Pub bei so mancher Tour,
diskutiert man über Politik, Wirtschaft und Kultur.
Mit Freunden und Fremden, auf ein Kilkenny,
bis zum letzten Glockenschlag, bis zum letzten Penny.

Schöne Erinnerungen und Whiskey pur.
In Irland im Pub, bei so mancher Tour.

In Irland im Pub fühlt man sich noch am Leben.
Nach der ersten Rutsche Bier,
bleibt man gerne auch mal kleben.
Der Gastwirt weiß noch ganz genau, wie er dich halten kann.
Er appelliert an deinen Stolz, komm stell dich nicht so an.

Schöne Erinnerungen, die dir alles geben.
In Irland im Pub fühlt man sich noch am Leben.

In Irland im Pub was für eine Schöne Zeit,
man verbringt den Tag allein, die Nacht auch mal zu zweit.
Und niemand ist verärgert, vergisst man seinen Namen.
Und Gott sei Dank am Morgen, besonders die der Damen.

Schöne Erinnerungen voller Zweisamkeit.
In Irland im Pub, was für eine schöne Zeit.

Jacqueline

Ich hab mich einfach mal die schmale Leiter,
zum Dach rauf gequält.
Und einfach mal, nur für mich,
alle Regentropfen gezählt.
Ich bin mal, ganz allein und betrunken,
durch Bremen gelaufen.
Ich weiß nicht mal genau warum,
ich wollt mich einfach mal besaufen.
Ich hab unendlich viele Liebeslieder,
auf der Gitarre gezupft.
Und all meinen Pflanzen, aus lauter Verzweiflung,
die Blüten ausgerupft.
Wir holen uns jeden Tag vor der Arbeit,
beim selben Bäcker Kaffee.
Und jedes Mal wird mir heiß und kalt,
und mir zittern die Knie, wenn ich dich seh.

Ich kenne sogar deinen Namen,
er steht in deinem Büro an der Tür.
Du heißt Jacqueline Pimpelmeier,
na ja, da kannste ja nichts für.
Denn ist man so wie ich, so unsterblich,
in ein Mädchen verknallt.
Ja, dann macht man auch vor einem,
bescheuerten Namen nicht halt.

OH Jacqueline,
ich sehne mich so sehr nach dir.
Und singe dieses Lied,
nach der ersten Rutsche Bier.
OH Jacqueline,
ich sehne mich so sehr nach dir.
Und singe dieses Lied,
und mach mich zum Affen hier.

Ich geh bei dir vorbei, jeden Tag,
so um die hundertmal.
Hör die Leute hinter meinem Rücken reden,
mir doch egal.
Ich weiß, dass du es magst,
wenn ich zu dir hinübersehe.
Ich weiß auch, dass du es hasst,
dass ich den letzten Schritt nicht geh.

OH Jacqueline ...

Ich würd´ dich sofort heiraten,
mit allem drum und dran.
Und du wärst meine Frau,
und ich wäre dein Mann.
Ich würde alles dafür tun,
damit du glücklich bist.
Würde alles dafür geben,
dass du nichts vermisst.
Nur eines will ich nicht,
dass ich Pimpelmeier heiße.
Nee, meine Liebe,
das fänd´ ich richtig scheiße.

OH Jacqueline ...

Johnny

Mit einer Flasche Whisky,
lehnt Johnny an der Wand.
Den rauchenden Revolver,
hält er lässig in der Hand.
Zählt in Gedanken die Patronen,
die ihm jetzt noch bleiben.
Den Typ, den er erschossen hat,
den konnte er eh nicht leiden.

Und Johnny lädt die Kammern nach,
steckt den Revolver ein.
Hier wird doch wohl kein Zweiter,
genauso dämlich sein.
Er setzt sich wieder an den Tisch,
nimmt seine Karten auf.
Der Nächste, der mich hier bescheißt,
sieht als Letztes meinen Lauf.

**Johnny ist kein schlechter Kerl,
ist meistens ziemlich ruhig.
Geht meist dem Ärger aus dem Weg,
doch manchmal dreht er durch.
Und wenn es gar nicht anders geht,
schwingt er sich auf seinen Gaul.
Dann kennt er keine Grenzen mehr,
dann gibt´s halt mal aufs Maul.**

Johnny traf mal einen Fremden,
der wollte mit ihm reiten.
Postkutschen zu überfallen,
doch ließ er sich nicht verleiten.
Denn Johnny ist im Innersten,
eine grundehrliche Haut.
Und hat dem Fremden, kurzer Hand,
den Überfall versaut.

Denn morgens sah er, dass der Fremde,
Richtung Straße ritt.
Der Kutsche direkt hinterher,
da ritt er einfach mit.
Bis 3 Meilen vor die Stadt,
zu einer alten Brücke.
Und da zog Johnny seinen Colt,
und schoss den Mann in Stücke.

**Johnny ist kein schlechter Kerl,
ist meistens ziemlich ruhig.
Geht meist dem Ärger aus dem Weg,
doch manchmal dreht er durch.
Und wenn es gar nicht anders geht,
schwingt er sich auf seinen Gaul.
Dann kennt er keine Grenzen mehr,
dann gibt´s halt mal aufs Maul.**

Johnny traf vor ein paar Jahren,
die Liebe seines Lebens.
Sie liebt ihn, er liebt sie,
doch beide sich vergebens.
Denn ihm war, so weh´s auch tat,
von Beginn an klar,
dass dieses hübsche Mädel,
die Frau vom Sheriff war.

Doch Johnny hielt nicht lange durch,
vor lauter Eifersucht.
Seitdem ist er mit ihr allein,
und ständig auf der Flucht.
Er holte sie nach Mitternacht,
schlich heimlich in ihr Haus.
Ritt mit ihr fort, der Sheriff schlief,
doch Johnny konnte es nicht lassen, die Bude brannte aus.

Johnny ist kein schlechter Kerl,
ist meistens ziemlich ruhig.
Geht meist dem Ärger aus dem Weg,
doch manchmal dreht er durch.
Und wenn es gar nicht anders geht,
schwingt er sich auf seinen Gaul.
Dann kennt er keine Grenzen mehr,
dann gibt´s halt mal aufs Maul.

Johnny II

Ich hörte Geschichten über ein wildes Paar,
ich ahnte es schon, mir war klar, wer das war.
Und als ich ihren Steckbrief fand, lachte ich nur laut.
20 000 Dollar für Johnny und seine Braut.

Denn als er mit seiner Liebsten floh, ging leider etwas schief.
Johnny ahnte nicht, dass der Sheriff gar nicht schlief.
Der konnte sich mit müh und Not, aus dem Haus befrei'n,
und fast im ganzen Bundesstaat, hörte man ihn schrei'n.

Doch immer wenn du Ärger suchst, denk unbedingt daran.
Leg dich nicht mit Johnny an.

Der Sheriff schwor den beiden Rache, bis zur letzten stund.
Das könnte dauern, müsst ihr wissen, denn er ist kerngesund.
Und auch wenn sie sich verstecken, wird das Geflüster Laut,
bei 20 000 Dollar für Johnny und seine Braut.

Doch Johnny wär nicht Johnny, hätt er keinen Plan.
Auge um Auge und Zahn um Zahn.
Er nimmt seinen Revolver und schwingt sich auf seinen Gaul.
Jetzt bekommt der Sheriff, richtig was aufs Maul.

Denn immer wenn du Ärger suchst, denk unbedingt daran.
Leg dich nicht mit Johnny an.

Der Wind weht durch die Stadt, die Straßen sind leer.
Mit einem duzend Männer kommt der Sheriff daher.
Und mit einer Flasche Whiskey, lehnt Johnny an der Wand,
Zigarette im Mund und Lunte in der Hand.

Ein Knall geht durch die Straßen, Staub wirbelt auf.
Ein großer Berg aus Leichen und der Sheriff oben drauf.
Johnny blickt ihm in die Augen und es bricht ein Schuss.
Johnny reitet aus der Stadt und denkt, was muss, das muss.

**Denn immer wenn du Ärger suchst, denk unbedingt daran.
Leg dich nicht mit Johnny an.**

Kevin

Als Kevin mal betrunken war,
da viel ihm eines auf.
Was wirklich richtig wichtig war,
doch kommt er nicht mehr drauf.
Hat leider die Erinnerung,
im Single Malt ertränkt.
Vielleicht die Lösung aller Sorgen, dieser Welt,
versehentlich verdrängt.

So sehr er es auch versucht,
es fällt ihm nicht mehr ein.
Da soll noch jemand sagen,
die Wahrheit liegt im Wein.
Denn offensichtlich liegt sie,
und das ist ihm jetzt klar.
Anstatt in seinem Kopf,
noch immer in der Bar.

**Ja saufen macht ihn glücklich,
doch nur für den Moment.
Denn wenn er Leute kennenlernt,
die er morgens nicht mehr kennt.
Wenn er dann in den Spiegel blickt,
und das Spiegelbild sich rächt.
Dann weiß Kevin, alles klar,
das letzte Bier war schlecht.**

Als Kevin mal betrunken war,
da merkte er sofort.
Der schönste Platz auf Erden,
ist hier an diesem Ort.
Und hier wollte er bleiben,
bis zu seinem Tod.
Dies schönste aller Männerklos,
dieser traurige Idiot.

Der Heimweg war auch nicht sehr schön,
war nass und ziemlich kalt.
Ganz sicher ist er mittlerweile,
für diesen Scheiß zu alt.
Er säuft nie wieder, sagt er dann,
klingt meist sehr hoffnungsvoll.
Doch schon am nächsten Abend,
ist Kevin wieder voll.

**Ja saufen macht ihn glücklich,
doch nur für den Moment.
Denn wenn er Leute kennenlernt,
die er morgens nicht mehr kennt.
Wenn er dann in den Spiegel blickt,
und das Spiegelbild sich rächt.
Dann weiß Kevin, alles klar,
das letzte Bier war schlecht.**

Ein Bier wird schon noch gehen,
La la la la la la.
Er kann zwar nicht mehr stehen,
La la la la la la.
Kevin fühlt sich lustig,
die Welt sieht komisch aus.
Das letzte Bier geht oben rein,
und kommt da auch wieder raus.

**Ja saufen macht ihn glücklich,
doch nur für den Moment.
Denn wenn er Leute kennenlernt,
die er morgens nicht mehr kennt.
Wenn er dann in den Spiegel blickt,
und das Spiegelbild sich rächt.
Dann weiß Kevin, alles klar,
das letzte Bier war schlecht.**

**Ja saufen macht ihn glücklich,
doch nur für den Moment.
Und ich bin mir sicher, dass jeder von euch,
einen Kevin kennt.**

Für meinen Freund Stefan. Totgesoffen im Sommer 2009. Ich bin immer noch sauer, das war so unnötig.

Liebe ist Bunt

Manchmal ist die Welt alles andere als schön.
Man glaubt, sie würde sich nie mehr weiterdrehen.
Manchmal ist die Welt alles andere als Bunt.
Doch wir machen einfach weiter und singen sie gesund.

Hallo an alle, hallo Leben.
Liebe bringt die Welt zum Beben.
Liebe steckt uns alle an.
Liebe schafft, was Hass nicht kann.
Liebe macht die Welt gesund, Liebe ist Bunt.

Wo gehen wir hin, wo kommen wir her.
Was wollen wir noch sehen und was nie mehr.
So viele Fragen fallen uns ein.
Doch nur eine zählt, wer wollen wir sein.

Hallo an alle, hallo Leben.
Liebe bringt die Welt zum Beben.
Liebe steckt uns alle an.
Liebe schafft, was Hass nicht kann.
Liebe macht die Welt gesund, Liebe ist Bunt.

Egal wer wir sind, ganz gleich wen wir Lieben.
Egal an was wir glauben auf den großen sieben.
Manchmal ist die Welt alles andere als Bunt.
Gemeinsam eine Stimme und wir singen sie gesund.

Hallo an alle, hallo Leben.
Liebe bringt die Welt zum Beben.
Liebe steckt uns alle an.
Liebe schafft, was Hass nicht kann.
Liebe macht die Welt gesund, Liebe ist Bunt.

Liebe ist Bunt,

widme ich aus tiefstem Herzen, Hans Spoelstra. Meinem Freund und Lebensretter, Gewissen und Ohrenlangzieher. Meinem Berliner Streetworker und einzigen Menschen, den ich kenne, der IN die DDR floh. Und das mit den Worten, „Ich mag keine Bananen".

Lieber Hans,

ich kannte dich bereits, als ich noch aufrecht unter dem Tisch hindurchlaufen konnte. Du hast mir immer zugehört und mich ermuntert, nie den Kopf in den Sand zu stecken. Jahre lagen zwischen einem Wiedersehen, vom kleinen Jungen, zum Teenager. Und in meiner dunkelsten Stunde, auf dem Weg in eine Zukunft, die mich aufgefressen hätte, standest du plötzlich vor mir. Lächelnd und mit dem festen Glauben an mich. Ich habe mich nie bei dir bedanken können! Denn als ich endlich die Reife hatte zu erkennen, was du alles für mich getan hast, war es zu spät ...

Hans Spoelstra, verstarb am 6. August 2009,
nach langem Kampf gegen den Krebs.

Mein liebster Wunsch

Vorausgesetzt alles bricht zusammen,
wäre ich dann bereit zum letzten Gang.
Augen zu und durch, viel mir wohl schwer,
müsst ich allein den langen Pfad entlang.

Würde auf meinem Weg jeden begrüßen,
mit den Worten, na wie geht´s dir alter Freund.
Begleite mich ein Stück in meinem Leben,
hier ist doch sicher nichts, was du versäumst.

**Ein klein wenig Trost,
wenn die Zeit, meinen Namen auslost.
Lädt der Fährmann mich zu sich ein,
wäre ich beim Warten nicht gerne allein.**

Gemeinsam ist die Richtung, zu ertragen,
die ich gehen muss, zur Allerletzten stund.
Gemeinsam geht es auch ein wenig leichter,
sind mir erst die müden Füße wund.

Dabei einen Freund bei mir zu wissen,
einen Vertrauten, der an meiner Seite steht.
Macht die Leere nicht so schwer in meinem Herzen,
wenn der letzte Augenblick vorüber geht.

**Ein klein wenig Trost,
wenn die Zeit, meinen Namen auslost.
Lädt der Fährmann mich zu sich ein,
wäre ich beim Warten nicht gerne allein.**

Vorausgesetzt alles bricht zusammen,
so wäre ich wohl bereit zum letzten Gang.
Augen zu und durch viel mir nicht schwer,
wüsst ich, dass ich nicht alleine wär.

Somit bliebe mir nichts mehr zu sagen,
denn trete ich eines Tages ab,
hätte ich nur diesen einen Wunsch,
den allerliebsten, den ich hab.

**Ein klein wenig Trost,
wenn die Zeit, meinen Namen auslost.
Lädt der Fährmann mich zu sich ein,
wäre ich beim Warten nicht gerne allein.**

Mein Steuermann

Fragen über Fragen,
Menschen die mir sagen,
was ich tun und lassen soll,
der Kopf ist mehr als voll.

Gedanken fliegen kreuz und quer,
ich frag mich, wo ich Hingehör.
Denn bleib ich, wird es mich verwunden,
dann bin ich irgendwann, ganz verschwunden.

Das Herz in meiner Brust,
ergibt sich längst dem Frust.
Mein Bauch schreit mir entgegen,
fang endlich an zu leben.

Die Taschen sind doch längst gepackt,
viel zu lang bin ich versackt.
Viel zu lang, hab ich geträumt,
das ganze wunderbare Leben,
versäumt.

Ich reiß die Türen auf,
lasse alles alte liegen.
Breite meine Arme aus,
denn heute lern ich fliegen.
Heut, beginnt der erste Tag,
in meinem neuen Leben.
Ab jetzt bin ich der Steuermann,
stehe nicht länger nur daneben.

Alles das, was kommt,
wird unfassbar schön.
Alles, was verschwommen war,
kann ich, endlich seh´n.

Ich bin hier. Ich bin jetzt.
Ich hab das ganze alte Leben,
lachend zerrissen und zerfetzt.

Ich reiß die Türen auf,
lasse alles alte liegen.
Breite meine Arme aus,
denn heute lern ich fliegen.
Heut, beginnt der erste Tag,
in meinem neuen Leben.
Ab jetzt bin ich der Steuermann,
stehe nicht länger nur daneben.

Revolution

Rechtsstaatlichkeit verdient sich nicht durch Opfer.
Freiheit nicht durch Arroganz.
Braucht schon mehr als, hier und da, ein Schulterklopfer.
Oder ein vorgetäuschtes Wackeln mit dem Schwanz.

Es braucht schon mehr, als gut gemeinte Worte.
Von denen gibt es schon viel zu viel.
Da braucht es Menschen, welche von der Sorte,
mit Entschlossenheit, Charakter und Profil.

Unten auf den Stufen hör ich sie schon rufen.
Dies Gebrüll und das scharren mit den Hufen.
Hinauf in die Hallen spür ich ihn schon.
Ihren Durst, ihr begehren nach Revolution.

Da braucht es solche, die wenn´s schwierig wird nicht kneifen.
Jene, die im Sturme aufrecht stehen.
Welche die nicht, nur in Nadelstreifen,
blind und gehorsam mit der Masse gehen.

Gewiss nicht solche, die sich nur im Netz auskotzen.
Jene Schlagzeilenanalytiker.
Die den noch so guten Argumenten trotzen.
Und glauben, wenn es in der Bild steht, wär´ es wahr.

Unten auf den Stufen ...

Da braucht es uns, die, die wir hier stehen.
Da braucht es euch, ihr, die hinterfragt.
Uns Neinsager, wir, die wir noch Hoffnung sehen.
Die, die man nicht so leicht ins Bockshorn jagt.

Denn, es braucht schon unser aller Zutun.
Für die Freiheit kämpft man jeden Tag.
Rechtsstaatlichkeit erreicht man nicht durch Nichtstun.
Es hat schon lange keiner mehr, Nein! gesagt.

Unten auf den Stufen ...

Ihren drang, ihr Verlangen.
Ihr sehnen, ihre schmacht.
Ihren Antrieb und ihr gieren.
Nach dem Ende eurer Macht.

Unten auf den Stufen ...

Seemannsgarn

Ich schwöre beim Klabautermann,
mitten in der Nacht.
Haben Bestien aus der Tiefe,
dass Schiff, samt Mannschaft, aufgebracht.
Das Holz zerbarst und Schreie gingen,
mir durch Mark und Bein.
Dann ward es still um mich herum,
und ich war allein.

Ich trieb Tage, wenn nicht Wochen,
auf dem mir verhassten Meer.
Nur einzeln trieben alte Kisten,
voller Rum um mich umher.
Und dank dieser konnt ich leben,
und blieb letztlich bei Verstand.
Schaffte es mit letzter Kraft,
irgendwie zurück an Land.

**Von denen die, die See befahren,
hört man die wildesten Geschichten.
Fast immer ist es Seemannsgarn,
was sie uns da berichten.
Es braucht nur eine Buddel Rum,
doch höchst wahrscheinlich mehr.
Dann heißt´s auch das der kleinste Fisch,
ein Ungeheuer wär.**

Dem tot entronnen, fuhr ich weiter,
war bald zurück an Deck.
Doch vor der Küste Helgolands,
entdeckte ich im Rumpf ein Leck.
So groß wie Neptuns Faust,
dass Wasser stand bis zu den Knien.
Ich steckte meinen Arsch hinein,
so konnte ich dem tot entfliehen.

Ich trieb Tage, wenn nicht Wochen,
auf dem mir verhassten Meer.
Nur einzeln standen alte Flaschen,
voller Rum neben mir.
Und dank dieser konnt ich leben,
und blieb letztlich bei Verstand.
Schaffte es mit letzter Kraft,
irgendwie zurück an Land.

Von denen die, die See befahren,
hört man die wildesten Geschichten.
Fast immer ist es Seemannsgarn,
was sie uns da berichten.
Es braucht nur eine Buddel Rum,
doch höchst wahrscheinlich mehr.
Dann heißt´s auch das der kleinste Fisch,
ein Ungeheuer wär.

Ich zog es vor, mich nicht zu grämen,
zog als Seemann in den Krieg.
Doch die Schlacht am Kap der Angst,
brachte uns fast um den Sieg.
Um mich brannten hundert Schiffe,
tausend Männer waren tot.
Der Feind stieß nach uns zu versenken,
doch ich nahm Lot.

Wie Porzellan zerbrachen Schiffe,
an den Felsen, die im Meer,
unsichtbar im Wasser lagen,
und plötzlich war da keiner mehr.
Nur alte Flaschen voller Rum,
die in meiner Richtung trieben.
Ich schaffte es zurück an Land,
und da bin ich bis heute geblieben.

**Von denen die, die See befahren,
hört man die wildesten Geschichten.
Fast immer ist es Seemannsgarn,
was sie uns da berichten.
Es braucht nur eine Buddel Rum,
doch höchst wahrscheinlich mehr.
Dann heißt´s auch das der kleinste Fisch,
ein Ungeheuer wär.**

So ist der Norden

Mit nackten Füssen im Sand zu stehen,
das Salz im Wind zu schmecken.
Die Möwen bei ihrem Tanz zu sehen,
die Arme auszustrecken.
Den Blick nach vorn, die See entlang,
des Himmels blauer Saal.
Der Brandung wunderschöner Klang,
fang ich jeden Sonnenstrahl.

So ist der Norden, für mich allein.
So ist für mich mein zu Haus.
Sperr mich in meinen Gedanken ein.
So schnell kriegt mich keiner mehr hier raus.

Jede Welle wie ein Gedicht,
Zeilen nur für mich geschrieben.
Wenn das Salzwasser an den Felsen bricht,
lässt es Grüße für mich liegen.
Die Vögel am Himmel singen ein Lied,
die Brandung schmettert den Takt.
Merk ich nicht, wie die Zeit vergeht,
bin wohl wieder versackt.

So ist der Norden, ...

So langsam werde ich wohl müssen,
zurück in die reale Welt.
Ich werde diesen Anblick missen,
welcher mir so unendlich gefällt.
Ich vermisse jetzt schon die Gezeiten,
so lang, bis ich endlich wieder hier steh.
Bei meiner so unendlich weiten,
Norddeutschen See.

Summ, summ, summ

Ich boxte mich durchs Studium,
jeden gottverdammten Tag.
Nur für das große Zwischenspiel,
Referendariat.
Heute schau ich in den kleinen Raum,
wo einst mein Schreibtisch stand.
Und sehe immer noch,
meine Schatten an der Wand.

**Summ, summ, summ,
wer nichts lernt, bleibt dumm.
Immer drumherum,
wie im Curriculum.**

Was hab ich hier gesessen,
was hab ich hier geklagt.
Hier hab ich triumphiert,
hier habe ich versagt.
Für meinen großen Traum.
Hab ich hier gelitten.
Heute denk ich scheiße,
was hat mich bloß geritten.

**Summ, summ, summ,
wer nichts lernt, bleibt dumm.
Immer drumherum,
alles Illusion.**

Ich wollte Lehrer werden,
für andere ein Held.
Jetzt kämpf ich gegen blöde Eltern,
und den Rest der Welt.
Gegen viel zu volle Klassen,
und Frontalunterricht.
Und wie sagt mein Psychiater,
natürlich auch, gegen mich.

**Summm, summ, summ,
wer nichts lernt, bleibt dumm.
Immer drumherum,
hallo Depression.**

Inklusion und Bildungsplan,
Sorgen über Sorgen.
Hui, das ist ja heut schon spät,
verschieben wir das auf morgen.
All die Probleme ignorieren,
sind selbst gemachte leiden.
Und würd ich sagen, alles scheiße,
blieb ich noch bescheiden.

**Summm, summ, summ,
wer nichts lernt, bleibt dumm.
Immer drumherum,
was ne Sensation.**

In der Bildungspolitik,
besteht man nur durch Quoten.
Man will den ersten Platz,
Minimum den Zwoten.
Doch Pisa zeigt uns jedes Jahr,
wo wir letztlich stehen.
Freunde, packt die Sachen ein,
wir können nach Hause gehen.

Summm, summ, summ,
wer nichts lernt, bleibt dumm.
Immer drumherum,
bloß keine Reaktion.

Man sollte auf die Lehrer hören,
die Einzigen dies schnallen.
Dann würde, am Ende, so hoffe ich,
der Groschen endlich fallen.
Doch ändern wird sich hier wohl nichts,
drum sei es, wie es sei.
In der Schule lernst du nichts,
warst aber wenigstens dabei.

Summm, summ, summ,
wer nichts lernt, bleibt dumm.
Immer drumherum,
Summm, summ, summ.

Trinklied

Dreht das Licht ein bisschen runter,
etwas lauter die Musik.
Fühlt euch wohl, fühlt euch geborgen,
was wohl auch am Sänger liegt.
Und der Mann hinter der Theke,
zapft so lange, wie ihr bestellt.
Hier in dieser Bar,
dass beste Bier der Welt.

**Heute trinken wir,
wer weiß, was morgen ist.
Morgen gibt´s nichts zu bedauern,
weil man es ja vergisst.**

Hoch die Becher liebe Freunde,
heute feiern wir.
Lasst die Krüge fleißig wandern,
gut gefüllt mit gutem Bier.
Tanzt auch gerne auf den Tischen,
klatscht den Takt der Melodie.
Heute lassen wir es krachen,
lasst die Sau raus wie noch nie.

**Heute trinken wir,
wer weiß, was morgen ist.
Morgen gibt´s nichts zu bedauern,
weil man es ja vergisst.**

An der Theke lehnt der Kellner,
und dreht lässig das Tablett.
An der Tür, zu den Toiletten,
singt der Klomann ein Sonett.
Und die Dame an der Ecke,
flirtet mit dem jungen Mann,
der zur Tür hereinspazierte,
wie ein junger stolzer Hahn.

Heute trinken wir,
wer weiß, was morgen ist.
Morgen gibt´s nichts zu bedauern,
weil man es ja vergisst.

Hinten links, die Männerrunde,
spielt schon seit stunden Skat.
Daneben sitzt ein Paar,
wo sind wohl seine Hände grad.
Und die Dame an der Ecke,
die zahlte wohl schon,
denn der junge Mann von eben,
war ein Kumpel vom Sohn.

Heute trinken wir,
wer weiß, was morgen ist.
Morgen gibt´s nichts zu bedauern,
weil man es ja vergisst.

Dreht das Licht ein bisschen runter,
etwas lauter die Musik.
Fühlt euch wohl, fühlt euch geborgen,
was wohl auch am Sänger liegt.
Und die Frau hinter der Theke,
zapft so lange, wie ihr bestellt.
Hier in dieser Bar,
dass beste Bier der Welt.

Hoch die Becher liebe Freunde,
heute feiern wir.
Lasst die Krüge fleißig wandern,
gut gefüllt mit gutem Bier.
Tanzt auch gerne auf den Tischen,
klatscht den Takt der Melodie.
Heute lassen wir es krachen,
lasst die Sau raus wie noch nie.

**Heute trinken wir,
wer weiß, was morgen ist.
Morgen gibt´s nichts zu bedauern,
weil man es ja vergisst.**

Vom angekommen sein

Manchmal sucht meine Hand,
in der Nacht die deine.
Sucht deine Wärme, sucht Geborgenheit.
Eine Berührung,
wenn auch nur eine ganz kleine.
Welche hilft, gegen Einsamkeit.

Wenn du mich ansiehst,
bleiben Uhren stehen.
Wie ein Feuerwerk wirkt jeder Kuss von dir.
Deine Nähe,
ist wie ein warmer Mantel.
Ist immer ein zu Haus, ein großes Stückchen wir.

So sing ich dieses Lied,
es bleibt für alle Zeiten dein.
Ich sing dein Lied, vom angekommen sein.

Manchmal wandern meine Augen,
suchend durch die Weite.
Immer dann, wenn Traurigkeit beginnt.
Will einen Blick auf die erhaschen,
ein Lächeln dir entlocken,
ein Leuchten deiner Augen, die mir, das liebste Pflaster sind.

So sing ich dieses Lied,
es bleibt für alle Zeiten dein.
Ich sing dein Lied, vom angekommen sein.

Du bist einfach alles,
was ich zum Atmen brauche.
Deine Nähe ist unbeschreiblich schön.
Jeder Tag mit dir,
ist Bunt und voller Liebe.
Ich will nie mehr, ohne dich, durchs Leben geh´n.

So sing ich dieses Lied,
es bleibt für alle Zeiten dein.
Ich sing dein Lied, vom angekommen sein.

Von einem Unbekannten

Ich bleibe hier an diesem Ort,
ich gehe ganz gewiss nicht fort,
hier, wo meine Wurzeln sind.

Meine Freunde hier im Haus,
zogen schon vor Tagen aus,
selbst mein Bruder, der mir fehlt, samt Frau und Kind.

Als die ersten Bomben fielen,
waren die Kinder grad´ am Spielen,
ich erinnere mich noch an diesen Knall.

Ich erinnere mich auch,
an jenen dichten schwarzen Rauch,
und an die vielen kleinen Körper, überall!
Und an die schrecklich vielen Toten, überall!

Die, die mir lieb und teuer waren,
die ich kannte schon seit Jahren,
jeden Einzelnen legte ich, zur ruh.

Auch bei Fremden half ich graben,
ich kannte nicht mal ihre Namen,
doch sehe ich sie, in meinen Träumen, immerzu.

Ich kann nur hoffen, dass die, die gehen,
ihre Reise überstehen,
jetzt wo der Terror all ihr Hab und Gut zerstört.

Ich hab gehört, dass Terroristen,
vom selben Wege wüssten,
der nach Westen, der nach Europa führt.

Ich könnte nicht mal sagen,
warum wir die Ziele waren,
ich kenne niemanden, der je die Hand erhob.

Hab oft darüber nachgedacht,
was wir wohl falsch gemacht,
und warum jetzt der Krieg vor unseren Türen tobt.

Was sind schon kleine Fehler

Manchmal trifft man Menschen,
die sind irgendwie,
recht motivierend auf dieser Welt dabei.
Ich zum Beispiel
traf vor langer Zeit mal einen Mann,
der mich fragte, was denn wirklich wichtig sei.

Der mir sagte, dass letztendlich,
doch nur eines zählt,
dieses mit sich selbst im Reinen sein.
Denn, nur wer sich so akzeptiert,
wie er wirklich ist,
steht nicht nur wackelig auf einem Bein.

Er selbst war früher Vorstandsmitglied,
in einem riesigen Konzern,
mit dickem Auto und Geld, wie Sand am Meer.
Doch was nützt es mir am Ende,
fragte er sich irgendwann,
wenn prall gefüllt das Portmonee,
aber doch im Herzen leer.

Und er riet mir, es mal zu versuchen,
nur kurz vorzustellen,
wie es wohl wäre ein anderer zu sein.
Mich zu fragen, was ich selbst,
an mir nicht so recht mag,
na da fallen mir doch ein paar Dinge ein.

Ich muss von Jägermeister furzen,
von Roter Bete wird mir schlecht.
Ich schlaf im Winter gern mit Socken,
und bei Bambi heul´ ich auch.
Ich brauch für eine Tüte Chips,
nur ein paar Minuten,
und deswegen hab ich wohl auch einen kleinen Bauch.

Ich hasse es, mich zu verspäten,
bei anderen hasse ich es noch mehr.
Schimpf dann wie ein Rohrspatz,
fiese Wörter vor mich hin.
Ach ja, ich führe Selbstgespräche,
manchmal merk´ ich es nicht gleich,
und wenn doch, dann freue ich mich,
dass ich nicht alleine bin.

Ich hab´s bei ihm laut ausgesprochen,
ich wurde nicht mal rot,
er sah mich an und fragte, war das jetzt so schwer?
Hast dich befreit von all dem Ballast,
dieser Unzulänglichkeiten.
Was dir peinlich war, das hast du jetzt nicht mehr.

So jetzt kennt ihr meine Macken,
und da gibt´s bestimmt noch mehr.
Doch nichts daran ist furchtbar schlimm oder verkehrt.
Und nun denkt an eure Fehler,
und ob es wirklich welche sind,
denn unsere Macken machen uns erst liebenswert.

Weihnachtslied

Hier für dich einen Kakao,
mach´s gut geliebte Frau,
ich muss leider nochmal fort, es tut mir leid.
Mir fehlt noch ein Geschenk,
ich muss da leider noch mal raus,
in diesen Wahnsinn, Namens Weihnachtszeit.

Ich setze mich in mein Auto,
fahr´ wie ein Irrer in die Stadt,
im Parkhaus noch ne Lücke auf dem Dach.
Ich kämpfe mich durch die Massen,
heute Shoppen, das ist Krieg,
einfach unerträglich dieser Krach.

Denn eigentlich liegt etwas Schönes in der Luft,
Glühwein, Apfel, Zimt und Plätzchen Duft.
Und das ganze Fest mit seinen Kanten und Ecken,
soll doch eigentlich das Gute in uns wecken.

Normalerweise bin ich nicht,
der Typ für solche Feste,
hab mit diesem Kram nicht wirklich viel am Hut.
Doch dieses Jahr, dachte ich,
vielleicht ist es das Beste,
ich leg mich mal ins Zeug, denn die Familie findet´s gut.

Also schlucke ich all den Ärger runter,
all die Heuchelei,
denn ganz gewiss bleibt eines immer klar.
Weihnachten, das Fest der Liebe,
geht ja auch vorbei,
und man darf wieder Arschloch sein,
wie sonst das ganze Jahr

Denn eigentlich liegt etwas ...

Na jedenfalls, ich hab jetzt alles,
nee, scheiße keinen Baum.
Wo krieg ich denn so ein Dingen jetzt noch her.
Beim Händler an der Straße,
das ist wie ein schlechter Traum,
bis auf ne kleine Gammeltanne ist hier alles leer.

Zuhause wird geschmückt, verpackt,
der Kopf der Gans wird ab ... egal,
die lieben Schwiegereltern sind schon hier.
Schwiegervater sieht den Baum,
der ist ja ganz schön kahl,
ja genau, murmle ich, genauso wie bei dir.

Denn eigentlich liegt etwas ...

Es folgt nun die Bescherung,
die Kinder sind am Schrei´n.
Miese kleine Schnorrer, bricht´s aus mir heraus.
Was heißt denn hier,
die Päckchen wären allesamt zu klein?
Toll jetzt ist er traurig, der arme Santa Clause.

Apropos

Der Weihnachtsmann, das glaubt ihr nie,
der war hackevoll,
nach kurzer Zeit die Schwiegermutter auch.
Ich dachte, Mensch, das Weihnachtsfest,
wird langsam richtig toll.
Sagt mal, kann es sein? Riecht´s hier nach Rauch?

Denn eigentlich liegt etwas ...

Ein Baum mit echten Kerzen,
empfehle ich nur bedingt,
denn wenn sich Santa Clause besoffen an die Tanne lehnt,
und später für die Feuerwehr,
Ring of Fire singt,
könnte es Ärger geben, das sei hier noch erwähnt.

Das Fest war eigentlich gar nicht schlecht,
ins Haus kehrt Ruhe ein,
das höchste Glück ist doch Besinnlichkeit.
Die Wohnung, ja da bin ich sicher,
trocknet von allein.
Ich wünsche euch allen eine schöne Weihnachtszeit.

Weil ich Mensch bin

Ich öffne mein Fenster,
schau hinaus in die Welt.
Ich schabe an den Klebestreifen,
die sie zusammenhält.

Ein Rabe setzt zur Landung an,
setzt sich neben mich.
Alles deine Schuld,
ja ich glaube, er meint mich.

**Und alles nur, ach alles nur,
und ich weiß nicht mal warum.
Alles nur, weil ich Mensch bin.
Und schon wieder kreisen meine Gedanken,
anderswo herum.**

Ach, dummes Menschenkind,
merkst du denn nicht.
Dass diese Welt allmählich,
auseinander bricht.

Wage es ja nicht,
mich nochmal zu ignorieren.
Denn alles deine Schuld,
all die Dinge, die passieren.

**Und alles nur, ach alles nur,
und ich weiß nicht mal warum.
Alles nur, weil ich Mensch bin.
Und schon wieder kreisen meine Gedanken,
anderswo herum.**

Der Rabe hebt die Flügel,
und stößt sich kräftig von mir weg.
Alles Bitten hilft nicht,
hat einfach keinen Zweck.

Ihr wisst längst um euer Schicksal,
doch träumt ihr es euch schön.
Und zwingt uns alle,
mit euch zu Grunde zu geh´n.

Und alles nur, ach alles nur,
und ich weiß nicht mal warum.
Alles nur, weil ich Mensch bin.
Und schon wieder kreisen meine Gedanken,
anderswo herum.

Wenn Leben vergeht

Die Finger sind ums Tau gelegt,
trotzend der Gewalt.
Zitternd suchend tasten sie,
das letzte bisschen Halt.

Die Kraft entschwindet mehr und mehr,
die Verzweiflung aber bleibt.
Während sich der Wind, laut lachend,
seine Hände reibt.

Die Augen sind weit aufgerissen,
feucht der Tränen Flut.
Suchend einen Punkt zu finden,
der im Taumeln ruht.

Flehend jenes zu erblicken,
welches Hoffnung schenkt.
Und die ängstlichen Gedanken,
wenn auch nur kurz, in Schönheit tränkt.

Es dringt die Sehnsucht durch den Wind,
getragen in die Weite.
Die Liebe, die ich einst empfand,
weicht von meiner Seite.

Mit jeder weiteren Sekunde,
die ich wankend steh,
entferne ich mich dieser Welt,
hin, zur rauen See.

Bald wird mir des Schicksals Laune,
das Tau der Hand entziehen.
Es werden meine Kräfte schwinden,
und mit der Sehnsucht fliehen.

Dann werde ich dem Meer entgegen,
fernab meines Seins.
Bis in alle Ewigkeit,
mit der Stille eins.

Wie ein Geist

Hängst jeden Abend,
allein am Bahnhof rum.
Rauchst dir ein paar Kippen,
und wartest stumm.
Auf den nächsten Wagen,
der vor dir hält.
Hoffst auf ein paar Euros,
wenn du ihm gefällst.

Wie ein Geist, ein leiser Hilfeschrei.
Wann ist dies´ Leben denn vorbei.

Deine Eltern hast du,
lang nicht mehr gesehen.
Scheißegal,
sie konnten dich eh nie versteh´n.
Damals bist du weggelaufen,
wolltest ein bisschen freier sein.
Heute lebst du auf der Straße,
bist ganz allein.

Wie ein Geist, ein leiser Hilfeschrei.
Wann ist dies´ Leben denn vorbei.

Na endlich hält ein Wagen,
drinnen sitzt ein alter Mann.
Du steigst zu ihm, er berührt dich,
es kotzt dich nur noch an.
Du willst weg hier, raus hier,
doch er lässt dich nicht mehr los.
Er packt dich im Nacken,
drückt dich in seinen Schoß.

Wie ein Geist, ein leiser Hilfeschrei.
Wann ist dies´ Leben denn vorbei.

Irgendwann ist es vorbei,
er lässt dich, wieder geh´n.
Auf einer alten Brücke
lässt er dich, im Regen steh´n.
Und du denkst dir, dieser Zeitpunkt,
ist endlich ideal.
Unter dir die Gleise,
alles wird egal.

Wie ein Geist, ein leiser Hilfeschrei.
Endlich ist dies´ Leben hier vorbei.

Winterdepression

Wenn die Blätter fallen,
fällt auch das Lachen etwas schwerer,
und die Sonne verliert immer mehr an Kraft.
Der Himmel hüllt sich grau,
die Felder werden blass,
und ich selbst fühle mich krank und geschafft.
Die Nächte halten eifrig,
ihre Stellung gegen den Tag.
Und verkürzen jede Hoffnung auf mehr Licht.
Selbst die Vögel ziehen fort,
und lassen alles hinter sich.
Nur ich muss hier verweilen, denn entfliehen kann ich nicht.

Winternächte stehen wie ein Feind,
vor meinem Haus.
Wie ein Dieb, der mir jede Freude nimmt.
Winternächte locken alle Zweifel aus mir raus.
Wie ein General, der meinen Tag bestimmt.

Meine Augen wirken müde,
meine Schultern hängen schlaff.
So ziehe ich meine Seele hinterher.
Nur Gedankenfetzen,
erinnern mich daran.
Der letzte Frühling ist noch gar nicht lange her.
So verbringe ich meine Stunden,
in schwerster Depression,
bis zu dem Tag, an dem die Sonne wieder lacht.
Voller Sehnsucht darauf wartend,
dass die Bäume wieder blüh´n,
und der Tag wieder länger als die Nacht.

Winternächte ...

Wir tanzen

Wir tanzen im Regen, im Schimmer der Laternen.
Flutlicht auf den Wegen, unter den Sternen.
Haltend an den Händen, von allem frei.
Ein Feuerwerk der Blicke, wie tausende Raketen.
Ein einziges Leuchten, in all diesen Städten,
dieser Welt, sind nur wir zwei.

Und unsere Lippen schmecken immer noch nach Bier.
Und im Haus gegenüber spielt einsam ein Klavier.

Wie haben alles um uns herum vergessen.
Wir haben einfach alles ausgestellt.
Und jetzt sind wir hier und tanzen wie besessen.
Nur du und ich, nur wir und diese Welt.

In abgewetzten Schuhen, tanzend durch die Gassen.
Aus alten Truhen, alte Träume fliegen lassen.
Warmer Regen, perlt auf der Haut.
Und es zeichnen die Hände,
auch wenn es eigentlich verboten ist,
Graffitis an die Wände, von dem, was die Welt vermisst.
Als wär das Universum, heut nur für uns gebaut.

Und unsere Lippen schmecken immer noch nach Bier.
Und im Haus gegenüber spielt einsam ein Klavier.

Wie haben alles um uns herum vergessen.
Wir haben einfach alles ausgestellt.
Und jetzt sind wir hier und tanzen wie besessen.
Nur du und ich, nur wir und diese Welt.

Wir waren jung

Den allerersten Kuss,
vergisst man wohl nie.
Das allererste Bier,
zwang uns noch in die Knie.
Damals war noch alles Spaß,
und gar nichts hielt uns auf.
Doch alles geht vorbei,
so nehmen die Dinge ihren Lauf.

Wir waren jung,
die Welt lag uns zu Füßen.
Einfach alles Können,
nichts Müssen.
Wir waren jung,
kein Ziel war uns zu fern.
Und egal, was wir auch taten,
wir taten´s gern.

Grenzen gab es keine,
die man nicht überschritt.
Tausende von Fettnäpfchen,
wir nahmen alle mit.
Stürzten uns in Abenteuer,
davon gab´s allerhand.
Kämpften gegen Ungeheuer,
Angst haben wir nicht gekannt.

Wir waren jung,
die Welt lag uns zu Füßen.
Einfach alles Können,
nichts Müssen.
Wir waren jung,
kein Ziel war uns zu fern.
Und egal, was wir auch taten,
wir taten´s gern.

Mit den Jahren wird man ernster,
ein kleines bisschen grauer.
Wohl auch ein Stückchen weiser,
doch irgendwie nicht schlauer.
Denn es braucht nur einen sanften,
winzig kleinen Stoß.
Dann brechen wir die Regeln,
und dann ziehen wir wieder los.

Wir waren jung,
die Welt lag uns zu Füßen.
Einfach alles Können,
nichts Müssen.
Wir waren jung,
kein Ziel war uns zu fern.
Und egal, was wir auch taten,
wir taten´s gern.

Zahn der Zeit

Ein alter Mann ist dort zu Haus,
wo manch anderer trinkt sein Bier.
Allein sitzt er dort in der Ecke,
von morgens zehn, bis nachts um vier.

Gern erzählt er dir von damals,
als er noch fuhr zu See.
Damals fand er alles schöner, alles besser,
alles irgendwie okay.

**Sei auf der Hut, sei stets gefeit,
es nagt der Zahn der Zeit.
Ob Freude oder Leid,
es nagt der Zahn der Zeit.**

Er erzählt dir von den Träumen,
die er damals noch gelebt.
Dann sieht man seine Augen leuchten,
und spürt sein Herz, das neu erbebt.

Er wäre gern wieder im Gestern,
scheiß auf morgen, denkt er sich.
Einst war er frei, gleich wie ein Vogel,
heute arm und jämmerlich.

**Sei auf der Hut, sei stets gefeit,
es nagt der Zahn der Zeit.
Ob Freude oder Leid,
es nagt der Zahn der Zeit.**

Dann fängt er an zu weinen,
zieht sich in sich selbst zurück.
Spricht kein Wort mehr von den Träumen,
die ihm brachten wohl kein Glück.

Und sein Schweigen, könnte man meinen,
spricht von Trauer und von Wut.
Denn wenn er noch Träume hätte,
ginge es ihm sicher gut.

Sei auf der Hut, sei stets gefeit,
es nagt der Zahn der Zeit.
Ob Freude oder Leid,
es nagt der Zahn der Zeit.

Zeitreisen

Sekunden werden zu Minuten,
Minuten, zu Stunden.
Der große Zeiger an der Uhr,
dreht emsig seine Runden.

Von Tag zu Tag, von Jahr zu Jahr,
von Leben, zu Leben.
Alles nur ein Wimpernschlag,
ja, so ist das eben.

Vorhin war grad´,
nachher kommt gleich,
jetzt ist schon vorbei.
Zukunft ist Vergangenheit,
sei es, wie es sei.

Nur einmal in den Spiegel sehen,
welch kindliches Gesicht.
Augen zu und Augen auf,
ein Alter mit dir spricht.

Die Zeit rennt flink, bleibt nicht stehen,
ist immer einen Schritt voraus.
Sie einzuholen haut nicht hin,
so sieht´s wohl leider aus.

Doch hat der Mensch, welch Glück für ihn,
die Lösung schon erblickt.
Schaut nie nach vorn, lebt nur im Jetzt,
wie ungeschickt.

Konzert mit Konstantin Wecker und Marno Howald,. 2018 in der Musik Hall Worpswede.

Gedichte

Mein Sein

Wie sitzen in geduckter Haltung,
gebannt auf unseren Stühlen.
Wagen es, nicht aufzuschreien,
übermannt von den Gefühlen.
Welche uns den Atem stocken lassen,
und uns zwingen.
Statt mit Ungerechtigkeiten,
nur mit uns selbst zu ringen.

Die Haut ist dünn, wie Pergament,
und kurz davor zu reißen.
Dämonen der Vergangenheit,
die uns zu Boden schmeißen.
Schaben uns, jene Haut vom Leib,
langsam Schicht für Schicht.
Die Kraft, sich zu erheben,
fällt kaummehr ins Gewicht.

Doch wer wäre ich, wenn ich mich,
diesem Schicksal füge?
Entrüstet wäre ich zu sehen,
wie ich mich selbst betrüge.
So schieb ich meinen Stuhl weit weg,
und fange an zu schreien.
Denn nichts zu sagen, liegt mir nicht,
das würde ich nur bereuen.

Schweinehund

Da ist ein alter fieser Greis,
flüstert Sachen mir ins Ohr.
„Na, mein junger Freund,
was hast du denn heute noch vor?
Ich hätt´ eine Idee,
für einen schönen Zeitvertreib.
Kostet dich nur deine Seele
und natürlich deinen Leib."

Ob acht! Dachte ich mir,
gefährlich könnt´ es werden.
„Zweifel nicht mein Freund!" Sprach er,
„Lass den Spaß dir nicht verderben
Du kannst alles tun,
ganz gleich an welchem Ort
Stell dir nur vor was möglich wäre".
Fuhr er weiter fort.

Ich muss gestehen,
ich habe, ganz kurz überlegt.
Letztlich abgewunken,
und mich umgedreht.
Doch, der alte fiese Greis,
gibt weiter seine Meinung kund.
Piesackt mich auch weiterhin,
dieser alte Schweinehund.

Im Park

Sie sitzt gern auf der kleinen Bank,
im Park nah bei den Fichten.
Was ihr in den Sinn kommt,
schreibt sie in Gedichten.
Sie ist grad´ mal 14 Jahre alt,
vergießt die ersten Tränen,
über das erste Mal verlieben,
über das erste Mal sich sehnen.

Sie lehnt den Kopf an die Schulter,
die nicht neben ihr sitzt.
Merkt nicht, dass sie im Traum,
ihre Lippen spitzt.
Für den anderen Mund,
der nicht in ihrer Nähe ist.
Für jenes, andere paar Augen,
welches sie so sehr vermisst.

Ach, dieser Junge aus der Nachbarschaft,
der sie so sehr entzückte.
Dem sie immer, wenn es ging,
ein kleines Stückchen näher rückte.
Den sie immer, wenn er wegsah,
mit ihrem Blick durchbohrte.
Einer dieser Jungen,
von der ganz niedlichen Sorte.

Für ihn schrieb sie,
unendlich viele Briefchen, jeden Tag.
Fing immer mit den Worten an,
wie sehr sie ihn doch mag.
Doch, eines tat sie niemals,
die Briefe unterschreiben,
viel zu groß die Angst,
er könnte sie nicht leiden.

Jetzt sitzt sie ganz allein, im Park,
ganz nah bei den Fichten.
Und was ihr in den Sinn kommt,
schreibt sie in Gedichten.
Sie ist grad mal 14 Jahre alt,
vergießt die ersten Tränen,
über das erste Mal verlieben,
das erste Mal sich sehnen.

Ach ja, dass erste Mal, verlieben,
nichts anderes scheint wichtig.
Alles andere bleibt liegen,
alles andere ist nichtig.
Den ersten Kampf,
gegen das Vernünftigsein verloren.
Das erste Mal verknallt,
bis über beide Ohren.

Im Stroh

Nun, das Leben ist wohl so,
wie eine Schäferstund´ im Stroh,
denn ganz egal wie schön es wird,
immer pikst was,
Unerhört!

Die Uhr

„Na,“ sprach Jens,
„dies Ding, ich kenn´s
Ich hab´s doch schon einmal geseh´n,
dies Teil, wo sich die Stäbchen dreh´n
Himmel Arsch! Wie heißt das nur?“
Die Präzision sprach: „Es heißt Uhr!“

Der Mann

Es denkt der Mann und ist entzückt,
er wäre sicher gut bestückt.
Und, wenn sich die Frau nach vorne bückt,
er die Selbige beglückt,
dann wird der arme Mann verrückt,
wenn die gelangweilt, Blümchen pflückt.
Den Mann wird´s wurmen und auch grämen,
schließlich wird er rot vom Schämen.
Doch ist der Mann ja nun mal Mann,
und baggert gleich die Nächste an.

Die Wache

Es ging bei Nacht der Leutnant, hastig,
mit seiner Waffe, ganz aus Plastik,
mit dem Gefreiten (ein Kollege),
in der Kaserne Streifenwege.

Sie hörten hier ein knacksen, dort ein scharren,
luden beide durch die Knarren,
Riefen Halt! Und auch, wer da?
Weil´s dunkel war und man nichts sah.

Sie schossen beide, wie die Irren,
hörten Fensterscheiben klirren,
da rief der Leutnant: „Ach herrje!"
Da lag er nun, der UvD*

* Unteroffizier vom Dienst

Schneewittchen 2.0

Des Nachts in einem dunklen Wald.
Machte eine Kutsche halt.
Hinaus stieg eine schöne Maid,
in einem wundervollen Kleid.
Das Haar war schwarz, die Lippen rot,
dann gab´s nen Schlag und sie war tot.

Und die Moral in der Geschicht?
In dunklen Wäldern hält man nicht!

Herr Peters

Der Mensch erfindet gerne Sachen,
die anderen eine Freude machen.
Für den täglichen Gebrauch,
aber, für die Nächte auch.

So hat Herr Peters jüngst entdeckt,
dass wohl was in Frau Peters steckt.
Die dreht sich hin zu ihrem Mann,
und fängt sogleich das Stöhnen an.

Herr Peters, völlig irritiert,
fragt sich, was hier grad´ passiert.
Knipst das Licht an und erschrak,
weil´s Telefon im Bette lag.

Nun hat er´s endlich auch kapiert,
dass nur das Handy hier vibriert.
Frau Peters dreht sich kichernd um,
gut verschleiert, gar nicht dumm.

Der Lachs

Es schwamm beflügelt durch den Fluss,
der Lachs, na weil er einfach muss.
Er sprang an einem Wassersturz,
aus dem Wasser, nur ganz kurz,
dem Bären leider in den Rachen.
Ach lieber Lachs, du machst Sachen.

Der Bär

Der Bär stand still am Wasserfall,
und sah Lachse überall.
Und einer sprang, wie grad´ erwähnt,
dem Bär ins Maul, wie unverschämt.
Denn muss man wissen, dieser Bär,
ist leider Vegetarier!

Lachs & Bär

Lachs und Bär, es tut mir leid,
sind nun für alle Ewigkeit,
nicht etwa nur für ein paar Stunden,
unzertrennlich, fest verbunden.

Der Eber

Der Jäger schoss, beherzter Hand,
den Eber, der im Felde stand.

Doch war der Eber nicht gleich tot,
denn der Jäger schoss mit Schrot.

Und dafür stand er zu weit ab,
paar Meter nur, doch letztlich knapp.

Also ging der Jäger nun,
zum Eber hin, den Rest zu tun.

Doch der war nur leicht verletzt,
aufspringt, nun den Jäger hetzt.

Es endete zum Wohl des Schweins,
Jäger null und Eber eins.

Frivoles Treiben

Ganz leise komme ich zu dir,
du Schönste aller Schönen hier.

Angetan von deinem Duft,
der so betörend füllt die Luft.

Der mich verrückt macht und verführt,
ach, würd´ ich doch von dir berührt.

Ach, könnt´ich doch, sei´s irgendwann,
an dich mal ran.

Ich würd´ uns gern im Gras verstecken,
nur wir zwei und an dir lecken.

Wäre gern ein Stück in dir,
ich oben drauf, du unter mir.

Dafür würd´ ich alles geben,
ich widme dir mein ganzes Leben.

Was grinst du denn in einer Tour?
Dies Gedicht geht doch um Bienen nur.

Frühling

Der Duft der Blüte steigt empor,
bringt ein Lächeln mir hervor,
welches, als das erste Blatt,
den ersten Baum verlassen hat,
sich in mir verbarg, so tief,
und den ganzen Winter schlief,
dass ich es nicht, wollt ich es nehmen,
um es anderen zu geben,
fand, was ich doch sehr bedaure,
und im Nachhinein erschaure,
da mancher, der mich nicht gekannt,
dachte, ich sei arrogant.

Doch jetzt, wo Blumen blüh´n und duften,
die Bienen wieder fleißig schuften,
am ersten Baum, das erste Blatt,
den Lebensweg begonnen hat.
Da kehrt das Lächeln mir zurück,
und mit ihm auch ich ein Stück.
Ja, der Frühling, welch ein Segen,
unbeirrt auf seinen Wegen,
tauscht der Menschen Unbehagen,
welches wächst in dunklen Tagen,
gegen so viel Schönes ein.
Ach Frühling, bleib auf immer Mein.

Der faule Gaul

Es ritt ein Reiter wohlgenährt,
recht unbeschwert auf seinem Pferd.
Doch nun war grade jener Gaul,
schon von Hause aus recht faul.
Und fing wohl an, daran zu denken,
den Schwung des Reiters umzulenken.

Der Reiter ahnte nichts von dem,
dass er so gleich recht unbequem,
denn woher sollte er´s auch wissen,
vom Gaul würde ab geschmissen.
Und ritt mit freudigem Gemüt,
Richtung Gestüt.

Das Pferd hingegen, unverdrossen,
fest zur Durchführung entschlossen,
hob den Arsch mit einem Wiehern,
den Reiter schnellstens zu verlier´n.
Und dieser flog mit einem Klatsch,
vom Pferderücken in den Matsch.

Da saß er nun, der Wohlgenährte,
gar nicht mehr so Unbeschwerte,
konnt´ sein Unglück nicht verstehen,
sah nur sein Pferd von dannen gehen.
Und dieses ritt dem Stall entgegen,
ohne Reiter welch ein Segen.

Die Raupe

Die Raupe, die am Baume hing,
ward schon bald ein Schmetterling.

Dies zumindest war ihr Ziel,
bis sie dann vom Baume fiel.

Da lag sie nun im kalten Dreck,
ein Vogel kam, flog mit ihr weg.

Und brachte sie hinauf zum Nest,
jetzt wird's, nun ja, denkt euch den Rest.

M. Schulz

Ich dachte fast, es geht voran,
als Schulz rief: „Ich bin euer Mann.
Ich bin für's Kanzleramt bereit
und bringe euch Gerechtigkeit".

Doch war's wie immer, hier im Staat,
nur heiße Luft auf dem Plakat.

Von Wahnsinn und Despoten

Man sagt ja dem Verrückten nach,
er tät sich nicht behagen,
sich selbst im Lichte darzustellen,
in diesen unseren Tagen.

Der Despot hingegen spricht,
dem Volke widersprechend,
von Verrücktheit lieber nicht,
eher von Gebrechen.

Und das diese lediglich,
nur in kleinen Schüben,
zur Besorgnis nicht gereichen,
und den Blick nicht trüben.

Doch, weiß man ja,
seit je her schon,
dass Wahnsinn per Definition,
heißt, stets das gleiche aufzuwarten,
sehnend, nach anderen Resultaten.

Danke an,

einfach alle, die mir Kraft geben, immer und überall. Jene, die zu mir stehen, wenn der Wind von vorn weht und mir aufhelfen, wenn ich falle.

Ein besonderer Dank geht an meine Töchter, welche mir, eine Welt voller Abenteuer, Magie und Fantasie zeigen. Die mich inspirieren, aufmuntern, trösten und jeden Tag überraschen. Die mich mit wundervollen Aussagen wie, „Ich war noch klein, als ich noch nicht groß war", zum Lachen bringen.

Katja Westphal, für deine bedingungslose Unterstützung beim zweiten Album und das Kopfstreicheln in Zeiten des Zweifelns.

Tjark Thölen, für dein episches Bassspiel in meinen ersten Jahren auf der Bühne und meinem fantastischen ersten Album.

Steffen Gust, für die vielen abartigen Gitarrengriffe, die vielen schönen Fotos und Sprachnachrichten zu meiner persönlichen Belustigung. Für die sagenhafte Unterstützung an der Gitarre auf den ersten beiden Alben.

Konstantin Wecker, für deine warmen Worte und deine Unterstützung.

Regina Mudrich, für jeden wahnsinnig schönen Geigenton. Was wäre das zweite Album nur ohne dich.

Andree Klose, für die langen Nächte in deinem wundervollen Hörwerk Tonstudio. Das Bierpfand müsste für das dritte Album reichen.

Und alle, die ich jetzt vergessen habe.

Hörwerk Tonstudio (Aufnahmen, Mix etc.)   Steffen Gust (Gitarre & Bass)

Regina Mudrich (Geige)